EXPOSÉ SOMMAIRE

DES

OPÉRATIONS DE DÉLIMITATION

ENTRE

LE DAHOMEY ET LE TOGO

(Mai 1898-Janvier 1900)

Par le Commandant PLÉ

DE L'INFANTERIE COLONIALE

Avec Croquis et Photogravures dans le texte

(Extrait de la *Revue des Troupes coloniales.*)

PARIS

HENRI CHARLES-LAVAUZELLE

Éditeur militaire

10, Rue Danton, Boulevard Saint-Germain, 118

—

(MÊME MAISON A LIMOGES)

EXPOSÉ SOMMAIRE

DES

OPÉRATIONS DE DÉLIMITATION

ENTRE

LE DAHOMEY ET LE TOGO

EXPOSÉ SOMMAIRE

DES

Opérations de Délimitation

ENTRE

LE DAHOMEY ET LE TOGO

(Mai 1898-Janvier 1900)

Par le Commandant PLÉ

DE L'INFANTERIE COLONIALE

(Extrait de la *Revue des Troupes coloniales.*)

PARIS

HENRI CHARLES-LAVAUZELLE

Éditeur militaire

10, Rue Danton, Boulevard Saint-Germain, 118

(MÊME MAISON A LIMOGES)

EXPOSÉ SOMMAIRE

DES

OPÉRATIONS DE DÉLIMITATION

ENTRE

LE DAHOMEY ET LE TOGO

Les opérations dont il s'agit peuvent être envisagées à trois points de vue différents qui m'amènent à diviser cet exposé en trois parties.

I.

1° But de la délimitation sur le terrain.
2° Situation politique et économique de la région à délimiter.
3° Programme adopté pour le tracé de la ligne frontière et indications générales relatives à son application sur le terrain.
4° Coup d'œil sur les étapes parcourues.

II.

Opérations militaires.

III.

Difficultés inhérentes aux opérations topographiques et astronomiques, principalement au cours de deux saisons des pluies.

1° But de la délimitation sur le terrain.

Le but de la délimitation est spécifié par la convention signée à Paris le 23 juillet 1897, et dont je transcris le protocole :

Article 1er.

La frontière partira de l'intersection de la côte avec le méridien de l'*île Bayol*, se confondra avec ce méridien jusqu'à la rive sud de la lagune qu'elle suivra jusqu'à une distance de 100 mètres environ au-delà de la pointe est de l'*île Bayol*, remontera ensuite directement au nord jusqu'à mi-distance de la rive sud et de la rive nord de la lagune ; puis suivra les sinuosités de la lagune, à égale distance des deux rives, jusqu'au thalweg du *Mono*, qu'elle suivra jusqu'au 7e degré de latitude nord

De l'intersection du thalweg du *Mono* avec le 7e degré de latitude nord, la frontière rejoindra par ce parallèle le méridien de l'*île Bayol*, qui servira de limite jusqu'à son intersection avec le parallèle passant à égale distance de *Bassila* et de *Pénésoulou*. De ce point elle gagnera la rivière *Kara*, suivant une ligne équidistante des chemins de *Bassila* à *Bafilo*, par *Kirikri*, et de *Pénésoulou* à *Séméré* par *Aledjo*, et, ensuite, des chemins de *Soutou* à *Séméré* et d'*Aledjo* à *Séméré*, de manière à passer à égale distance de *Daboni* et d'*Aledjo*, ainsi que de *Soutou* et d'*Aledjo*. Elle descendra ensuite le thalweg de la rivière *Kara*, sur une longueur de cinq kilomètres de ce point, remontera en ligne droite vers le nord, jusqu'au 10e degré de latitude nord, *Séméré* devant, dans tous les cas, rester à la France.

De là, la frontière se dirigera directement sur un point situé à égale distance entre *Djé* et *Gandou*, laissant *Djé* à la France et *Gandou* à l'Allemagne (1), et gagnera le 11e degré de latitude nord en suivant une ligne parallèle à la route *Sansanné-Mangou* à *Pama* et distante de celle-

(1) En arrivant sur les lieux, nous n'avons pas tardé à constater que *Djé* et *Gandou* étaient un seul et même village, appelé *Djé* par les naturels du pays et *Gandou* par les Haoussas, et nous l'avons désigné par la suite sous le nom de *Djé-Gandou*.

ci de trente kilomètres. Elle se prolongera ensuite vers l'ouest sur le 11e degré de latitude nord jusqu'à la *Volta-Blanche*, de manière à laisser, en tout cas, *Pougno* à la France et *Koun-Djari (Pélélé)* à l'Allemagne; puis elle rejoindra par le thalweg de cette rivière le 10e degré de latitude nord qu'elle suivra jusqu'à son intersection avec le méridien 3° 52' ouest de Paris (1° 32 ouest de Greenwich) (1).

Pour sanctionner cette convention, les deux gouvernements désignèrent, en avril 1898, une commission mixte *chargée de tracer sur les lieux une ligne de démarcation entre les possessions françaises et allemandes en conformité et suivant l'esprit des dispositions générales qui précèdent.*

La composition de cette commission fut la suivante :

Section allemande.

Baron de Massow, commandant des troupes impériales du Togo, commissaire;

Docteur Rigler, astronome et délégué technique.

Section française.

Capitaine Plé, de l'infanterie de marine (promu chef de bataillon pendant le cours des opérations), délégué technique et commissaire;

Lieutenant de vaisseau Brisson, astronome ;

Docteur Ruelle, médecin de la marine;

Adjoint des affaires indigènes, Richaud.

Les deux sections prennent le contact le 2 juillet 1898, à *Agoué* dans la colonie du *Dahomey*, et entament aussitôt les opérations.

(1) Par suite d'arrangements intervenus entre l'Angleterre et l'Allemagne pendant le cours des opérations, la délimitation a été arrêtée à l'intersection du 11e parallèle avec le sentier de Pougno à Djebiga.

Croquis d'ensemble des frontières du Dahomey.

A B et C D déterminés par le commandant Plé, D E par le commandant Toutée.

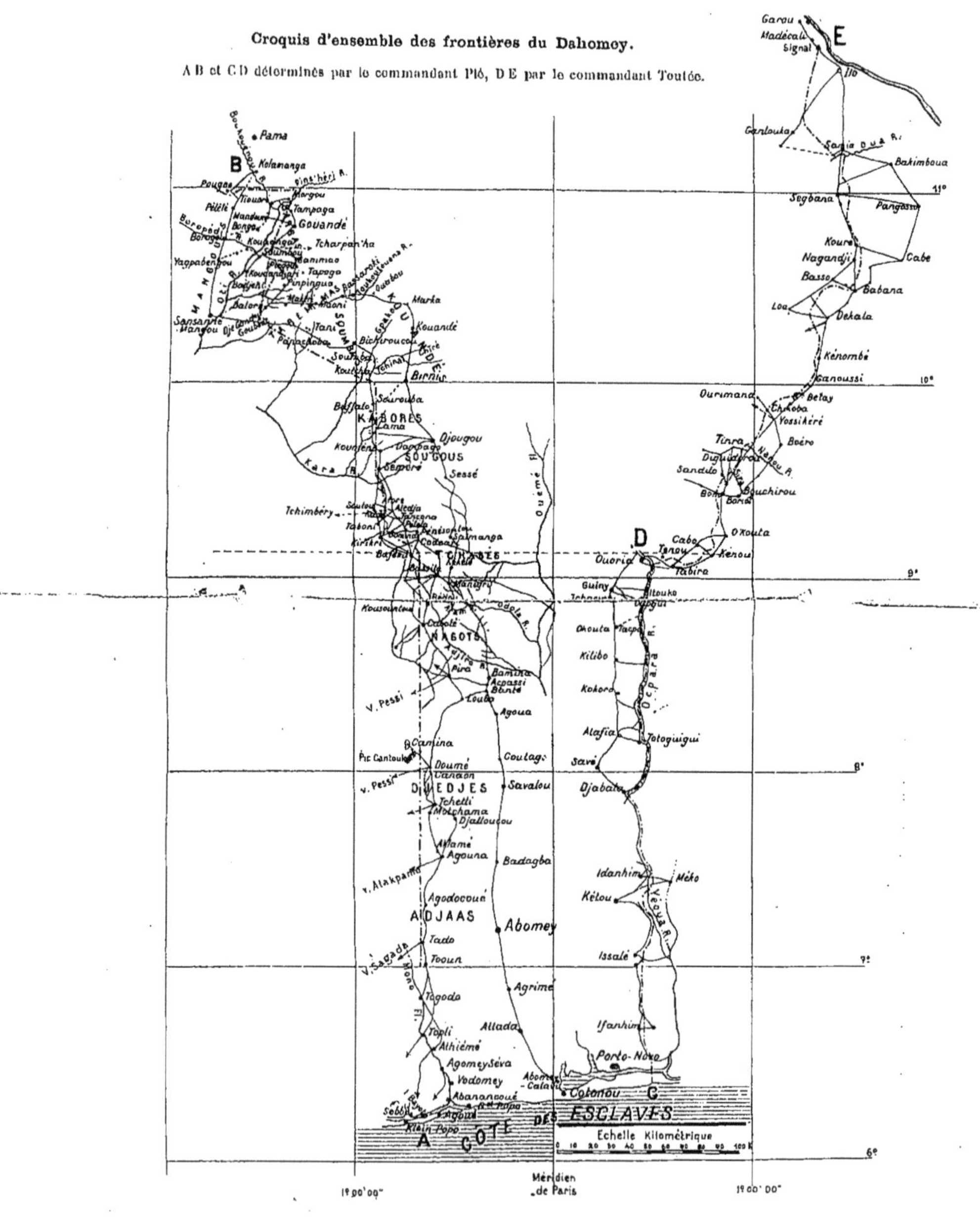

2° Situation politique et économique de la région à délimiter.

A ce point de vue, le théâtre des opérations de délimitation, peut se diviser en quatre zones :

a) *De la côte au 8e parallèle (Doumé);*

b) *Du 8e parallèle au parallèle 9° 30' environ (Sémé-ré);*

c) *Du parallèle 9°-30' à Djé-Gandou ;*

d) *De Djé-Gandou au 11e parallèle.*

Je comprendrai dans les mêmes divisions les considérations économiques relatives à la même zone.

a) *De la côte au 8e parallèle (Doumé).*

Les centres de cette première zone ont pris le contact de l'Européen, surtout les villages de la lagune et du Mono. Il n'en était pas ainsi lors de la délimitation de 1893, que les commissaires ne purent complètement terminer à cause de l'hostilité des *Adjaos.*

Leur roi, Pohizon, qui réside à *Tado* est le roi fétiche le plus influent de tout le Dahomey. Il a bien essayé d'agiter à nouveau la région au début de 1898, mais une répression sévère paraît l'avoir rappelé à une attitude plus calme.

La soumission n'est, du reste, qu'apparente, et s'il n'ose manifester ouvertement, il s'accorde le malin plaisir de nous mettre autant qu'il le peut dans l'embarras.

Je citerai un fait entre nombre d'autres.

Après avoir mis un empressement sans mesure à venir me saluer et à réunir, chez lui, trois jours avant la date fixée, des porteurs que je lui ai demandés, il les fait s'échapper la nuit qui précède le départ.

Il donne pour prétexte qu'en le punissant, tout dernièrement, on lui a enlevé toute autorité sur ses gens. Il retrouve, du reste, comme par enchantement, cette autorité, lorsqu'il a fini par se rendre compte que bon gré mal gré, il faudra qu'il s'exécute.

En somme, Pohizon (qui a sacré 23 rois, y compris Ago-li-Agbo, roi d'*Abomey*), a conservé un réel prestige religieux, mais le nombre de ceux qui consentiraient à se soumettre aux rigueurs des blancs pour son bon plaisir devient de plus en plus restreint.

C'est ce qui explique, en partie, l'accueil empressé que nous font les populations d'*Agouna*, de *Djalloucou* et de *Tchetti*.

C'est, du reste, dans la région dont ces trois villages constituent le noyau, qu'a été recrutée la majeure partie des tirailleurs dits *haoussas*, enrôlés pour Madagascar et aujourd'hui, de retour dans leur foyers.

A mon arrivée, ils accourent de partout pour me saluer, au campement, aux embranchements de sentiers, vêtus de leur ancienne tenue militaire et munis de leur livret pour prouver leur identité.

C'est à qui me servira de guide, de courrier, d'interprète. Pourtant, il y a une ombre au tableau. Nous sommes en octobre 1898, et ces braves gens libérés sans avoir reçu toute leur solde, n'ont pas encore touché l'arriéré qui leur est dû.

Je reçois de ce fait 53 réclamations justifiées par les inscriptions portées sur les livrets et je m'empresse de les transmettre au gouverneur par intérim de la colonie, en lui faisant remarquer combien ce retard dans les paiements pourrait amoindrir le prestige que nous a donné le succès de nos armes auquel ont participé tous ces tirailleurs.

A mon retour à la côte, en décembre 1900, la colonie avait enfin donné satisfaction aux intéressés.

En dehors de l'effet fâcheux qu'elle pourrait produire sur les indigènes, cette façon de procéder est essentiellement impolitique et j'ai eu l'occasion d'en faire la triste expérience au sujet des porteurs qui m'étaient nécessaires, et pour le recrutement desquels j'ai éprouvé les plus grandes difficultés.

Ces difficultés sont tellement liées à la situation que je ne puis les passer sous silence.

Si une mission d'exploitation peut et doit même fonctionner avec un nombre de porteurs aussi restreint que possible, il n'en est pas de même d'une mission de délimitation.

Cette dernière comporte, en effet, un matériel de campement, un matériel de représentation (mobilier et vivres), des charges constituées par les instruments de précision, les bagages personnels et les cadeaux politiques, qui donnent naissance à un convoi relativement considérable.

La durée de la mission de délimitation *Dahomey-Togo*, étant estimée à au moins onze mois, entraînait un transport de charges vraiment considérable nécessitant l'entretien de porteurs trop onéreux pour la colonie.

Prenant donc avec moi les charges indispensables pour subvenir à nos besoins pendant un mois environ, je crée, dès le début, un magasin mobile qui, par les soins du service local et suivant mes instructions, se déplacera de poste en poste parallèlement à notre colonne, sans nécessiter l'emploi de porteurs permanents.

Dans mon convoi, au contraire, dès le 25 juin, date effective du commencement des opérations et par ordre du gouverneur par intérim du Dahomey, les porteurs sont permanents et engagés aux conditions habituelles, c'est-à-dire :

1 franc de solde par jour.

0 fr. 30 pour la subsistance.

Mais, dès le 30 juillet, *c'est à-dire quand je suis en marche depuis plus d'un mois*, paraît un arrêté du gouverneur par intérim, réduisant de 0 fr. 30 à 0 fr. 15 le taux de la subsistance dont les porteurs employés à *titre permanent pour les besoins des missions* seront payées à leur retour dans leur village, *proportionnellement* à la durée des missions et au nombre de jours de portage?

Tous les hommes de mon convoi désertent à la première réduction sur le taux de la subsistance, et je fais de vains efforts pour remettre au complet l'effectif de mes porteurs permanents

Les déserteurs me font du reste dire, très aimablement, qu'ils seraient enchantés de rester avec moi, mais qu'ils ne veulent pas avoir le même sort que leurs camarades de la colonne Ganier, qui, après plusieurs mois de portage, n'ont encore rien touché depuis leur retour à la côte.

Ces incidents compliquent singulièrement la situation politique.

Au contraire, la mission allemande avec laquelle nous opérons, a un convoi qui fonctionne à merveille, grâce aux rétributions allouées à chaque porteur :

25 marks par mois.

30 pfennigs pour la subsistance par jour de portage.

Je me rends bien vite compte de l'impossibilité d'appliquer à une mission et surtout à une mission internationale le régime nouvellement créé et, je suis obligé de passer outre, me créant un noyau de porteurs permanents recrutés un peu partout et surtout à la côte et qui veulent bien me suivre sur ma parole qu'au retour je les ferai payer.

Entre temps, du reste, le service local avait eu une idée encore plus gênante pour moi, celle du transport des charges par des porteurs pris de village en village, supprimant tout paiement de porteurs et le remplaçant par une *légère indemnité* aux chefs.

Obligé de me conformer, dans une certaine mesure,

aux ordres qui m'étaient adressés dans ce sens, je me suis bien gardé cependant de me défaire de mon noyau de porteurs permanents, gens absolument dévoués et qui m'ont permis de sortir avec honneur des pas difficiles où ma mission eût infailliblement et piteusement échoué.

Une autre situation, absolument indépendante de ma volonté et que je n'avais pas manqué de soumettre au gouverneur par intérim de la colonie, démontrait jusqu'à l'évidence, la nécessité de porteurs permanents.

Les deux sections, française et allemande, étaient, par la force des choses, appelées à stationner tantôt dans les villages français tantôt dans les villages allemands, et je ne pouvais, dans ce dernier cas, me livrer à une opération interdite aux membres de la section allemande, dans leur propre colonie.

Ce n'est qu'au retour de M. le gouverneur Ballot, au Dahomey, que les autorités du chef-lieu se rendirent un compte exact de la situation.

M. Ballot, parfaitement au courant des choses de la brousse, jugea à sa juste valeur ce système de portage de village à village dans la région absolument hostile que nous devions traverser, surtout entre le 9e et le 10e parallèles, où nous allions nous trouver dans l'impossibilité absolue de trouver même un guide!

Force était, dans cette situation particulièrement grave, de disposer d'un nombre de porteurs permanents permettant le transport des charges de *Séméré* au 10e parallèle, du 11e parallèle à *Djé-Gandou*, *Sansanné-Mangou*, *Borogou*, *Pélélé*, *Pougno*, *Kolamanga*, *Tiouoli*, *Gouandé*, *Piégou*, *Datori*, *Manéri*, *Ouabou*, *Marka* et *Kouandé*, où nous pourrions enfin retrouver des charges du magasin mobile, après un trajet de plus de 600 kilomètres, pendant lequel nos communications seraient complètement coupées.

M. le gouverneur Ballot, auquel j'écrivis de *Séméré*, me donna de suite carte blanche, et, grâce à sa bienveillante, active et intelligente intervention, j'ai pu retrouver la mobilité qui m'était si nécessaire en ce moment critique, et triompher des difficultés qui, suivant mes prévisions, ne manquèrent pas de se produire.

Je reviens maintenant au secteur compris entre la côte et le 8e parallèle pour l'envisager, cette fois, très sommairement, du reste, au point de vue économique.

C'est, sans contredit, la secteur le plus riche de la zone-frontière.

La frontière suit d'abord le thalweg du fleuve Mono, jusqu'au 7e parallèle, mais, alors que la rive gauche qui nous appartient, très basse, et le plus souvent marécageuse, regorge de palmiers, la rive droite, au contraire, (rive allemande), surélevée et de beaucoup moins humide, se trouve dans une infériorité de production caractérisée.

Du 7e au 8e parallèle, la ligne frontière traverse des régions qui présentent peu d'intérêt et dont le sol est généralement aride. Je dois, cependant, signaler les hauteur qui avoisinent *Tchelli* et *Djalloucou*, aux pieds desquelles s'étendent de très beaux paturâges.

Je signale aussi incidemment ce fait, que sur les soulèvements granitiques de *Tchetti*, j'ai trouvé une vigne sauvage dont le raisin avait un goût très agréable.

A partir de *Tado*, en montant vers le nord, on ne rencontre guère de palmiers que sur les rives de quelques cours d'eau, mais dès *Agouna* les ressources du pays, en bestiaux, deviennent plus abondantes. Le bœuf surtout, si rare jusque-là, se trouve facilement.

Les quelques transactions auxquelles se livrent les indigènes se font exclusivement avec *Atakpamé*, centre assez important et résidence d'administrateur du *Togo*.

b) *Situation politique et économique de la zone frontière entre les parallèles 8° 00' et 9° 30'.*

Cette région, surtout entre les 8e et 9e parallèles est en pleine anarchie et les indigènes profitent de l'indécision où l'absence de délimitation met les gouvernements au sujet de leur nationalité pour n'obéir à personne et pratiquer le brigandage sur une vaste échelle, plus ou moins brutalement et avec plus ou moins d'habileté.

Les centres les plus importants sont : *Doumé, Louba, Pira, Cabolé* et *Bédou.*

Doumé, qui n'a pu s'étendre à cause des marécages qui l'entourent, est très important par les nombreux groupes de villages, de fermes qui en dépendent, vers l'ouest, et qui contiennent des ressources appréciables. Les indigènes y pratiquent avec soin et succès l'élevage des bestiaux et s'adonnent au commerce.

Mais, tous les échanges qu'ils pratiquent se portent vers *Pessi,* centre important du *Togo,* et, chose plus curieuse, étant donné la distance et la nécessité de traverser le *Dahomey* dans toute sa largeur, vers la colonie anglaise de *Lagos.*

Lorsqu'en 1899, on prit pour la première fois dans cette partie du *Dahomey,* des dispositions pour la perception de l'impôt, le village de *Doumé,* ne voulant pas courir les risques d'une résistance ouverte, qui n'avait guère réussi à quelques-uns de ses voisins, s'ingénia à dépister l'imposition en faisant filer tous ses troupeaux de bœufs vers l'est, sur *Saré* et de là sur *Lagos.*

Malheureusement, le gros de ce convoi croisa dans sa marche le convoi de l'administrateur recenseur et facilita sa besogne.

Mais si *Doumé* se contente d'opposer la force d'inertie à l'action d'une administration dont elle n'a guère pris le contact, les centres qui jalonnent la frontière, vers le nord, ont fait surgir des difficultés beaucoup plus graves.

Pour présenter ces difficultés sous leur vrai jour, il est nécessaire de rappeler brièvement les incidents de frontière survenus, au début de l'année 1898, dans la région *Cabolé-Bédou*, deux villages qui sont de véritables repaires de brigands, aux ordres de deux aventuriers des plus dangereux.

Cabolé (1.500 habitants?) obéit à Ouro-Gentry, qui déteste les Allemands pour avoir été puni par eux, à la suite de ses nombreux méfaits.

Bédou (2.000 habitants?), au contraire, obéit à Condotipa, qui a les Français en haine, pour le même motif. Inutile d'ajouter que les deux villages sont ennemis.

Une première rencontre ayant eu lieu, le 22 février 1898, à *Cabolé*, entre deux détachements de miliciens français et allemands, tous deux ayant pour but de faire arborer leur pavillon, les derniers avaient dû quitter le village sous les menaces des habitants.

Immédiatement, le docteur Kersting, résident du poste allemand le plus proche, *Sakodé*, invoquant comme raison les déprédations commises par les habitants de *Bédou* et de *Kousountou* qu'il dit appartenir à l'Allemagne, vient châtier leur village.

Par contre, les miliciens français de *Cabolé* avaient gagné *Bédou*, le 26 février, lorsqu'arrivèrent des miliciens allemands voulant remplacer par leur pavillon le pavillon français que *Bédou* avait reçu du commandant Decœur.

Les deux troupes en vinrent aux mains et un milicien allemand fut tué.

Le résident allemand gagna aussitôt *Bédou*, où il arriva le 2 mars, escorté de 80 soldats et de 150 cavaliers indigènes.

De son côté, le résident français de Savalou, M. Lacour, accompagné d'un inspecteur de la garde indigène, M. Bonin, et de 50 soldats environ, gagna *Cabolé*.

Une correspondance quelque peu confuse, fut alors échangée entre les résidents, chacun prétendant se trouver en deçà de la frontière commune aux deux colonies.

Sur l'ordre du gouverneur du *Togo* le résident allemand et son escorte évacuent enfin *Bédou* le 11 avril et M. Lacour y arrive le lendemain 12, dans la soirée.

Les indigènes à la tête desquels est Condotipa, lui font un accueil plein de menaces et le tamtam de guerre résonne sans interruption pendant toute la nuit suivante.

Le 13, au réveil, M. Lacour fait hisser à nouveau le pavillon français, lui fait rendre les honneurs par son escorte et reprend le chemin de *Cabolé*.

Mais à peine est-il sorti du village et engagé dans la brousse, que, cerné de toutes part, il succombe ainsi que M. Bonnin et de nombreux soldats.

Dès les premiers jours de mai, un fort détachement de tirailleurs sénégalais, sous les ordres du lieutenant Boissonnas, étant venu venger l'assassinat des nôtres et détruire *Bédou*, Condotipa n'opposa aucune résistance et chercha un refuge sûr dans la colonie allemande du *Togo*.

Je reviens aux opérations de la commission de délimitation. Nous sommes en octobre, et les renseignements politiques qui m'arrivent concernant cette région déjà si troublée que nous allons aborder sont des plus mauvais.

Du *Togo*, où ils sont réfugiés, Condotipa et ses partisans cherchent à soulever contre la section française les villages de *Louba*, *Pira*, *Bédou*.

Je prends alors une décision qui me permettra d'être

aussi bien renseigné que possible et de parer à toutes les surprises, en créant un réseau de renseignements enlaçant *Louba, Pira, Cabolé, Bédou, Bassila.*

Dans chaque village-frontière de cette zone, s'installent immédiatement deux de mes agents qui, tous, sont des parents de Baguidi, roi de *Savalou*, absolument dévoué à la France.

Dès ma présence à *Doumé*, tous les renseignements recueillis prennent la direction de *Banté*, où se trouve le chef de ma police, Odjo, qui me les fait immédiatement transmettre, à n'importe quelle heure de la nuit, bien entendu, pour ne pas éveiller l'attention.

Je suis arrivé, par ce moyen détourné, à avoir une foule de preuves matérielles des différents projets tramés contre nous; et les indigènes nous sachant sur nos gardes et craignant de justes et sévères représailles, transformaient les manifestations hostiles préparées de longue main en ovations enthousiastes.

Du reste, prévoyant les difficultés que nous serions appelés à vaincre au-delà du 9e parallèle, j'avais demandé, d'accord en cela avec le commissaire allemand, le renforcement de nos escortes ; chacune d'elles devant être portée de 25 à 65 hommes.

Mis à même de disposer immédiatement d'une escorte supplémentaire de 40 hommes, mais obligé d'attendre que l'escorte allemande puisse être augmentée dans la même proportion, je me sers indirectement du renfort qui m'est envoyé pour contribuer à intimider les indigènes hostiles.

A cet effet, l'inspecteur de milice qui le commande, Moussa Toure, reçoit l'ordre de se rendre à *Banté*, dès notre arrivée à *Pira*, puis à *Bassila*, par la rivière *Aboudjena*, la rivière *Odola* et *Manigri*, dès notre arrivée à *Cabolé*.

Moussa Toure, doit, du reste, se conformer aux ordres

de M. l'administrateur d'Osmoy qui l'accompagne et à qui j'adresserai mes instructions.

Au moindre signal, ce renfort imposant peut me rejoindre en 4 ou 5 heures.

De cette façon, la règle internationale de l'égalité des escortes est sauvegardée et les rebelles sont tenus en respect.

Le village de *Bassila*, que je viens de nommer, est un centre de population très important (4.000 habitants environ), où est installé un poste permanent de quatre hommes, il n'a jamais été occupé, mais seulement traversé, à de rares intervalles, par des fonctionnaires descendant du nord.

Sans être ouvertement hostiles, dès notre arrivée, les indigènes ne se rendent pas encore un compte exact de leurs obligations envers les Européens. Je dirai, plus loin, comment j'ai été amené à sévir contre eux, mais il y a lieu de remarquer, dès maintenant, que leur force d'inertie n'est en rien la conséquence de l'agitation dont j'ai parlé plus haut.

Les habitants de Bassila, qui n'ont pris notre contact que d'une façon tout à fait sommaire, sont des indépendants, voilà tout.

Tout au contraire, *Séméré* qui est bien plus important que *Bassila* et comme nombre d'habitants et comme influence politique, nous fait un accueil empressé (1).

La zone que nous venons d'envisager est peu intéressante et pour ainsi dire nulle, au point de vue économique, entre les 8e et 9e parallèles, grâce à l'état de

(1) A partir de *Doumé*, jusques et y compris *Bassila*, tous les villages que l'on rencontre, et qui ne cessent de guerroyer entre eux, sont entourés d'une forêt généralement très épaisse, d'une profondeur moyenne d'environ deux kilomètres, et qui constitue leur première ligne de défense.

guerre permanent qui a dévasté la région jusqu'à ce jour.

Mais il n'en est plus de même du secteur que jalonnent les centres de *Bassila*, *Aledjo* et *Séméré*.

Ici, l'élément musulman exerce une influence prépondérante. On rencontre partout des colonies de Peuls, qui entretiennent de nombreux troupeaux et les sentiers principaux sont parcourus en tous sens par des marchands *haoussas*.

Les chevaux font leur apparition.

Mais, jusqu'à ce jour, on ne rencontre guère sur les marchés des traitants noirs venant débiter les marchandises de nos factoreries.

A *Bassila* ce sont des traitants de *Lagos;* à *Aledjo* et à *Séméré*, au contraire, ce sont de traitants du *Togo*, qui provoquent les transactions.

c) *Situation politique et économique de la zone frontière entre Séméré et Djé-Gandou.*

La région comprise entre *Séméré* et le parallèle 10°,30 est habitée par les *Kaborés*, les *Soumbas* et les *Tabermas*.

Le centre des populations *kaboré* est *Lama*, qui est constituée par l'agglomération de nombreux villages dont les habitants jettent la terreur dans tous les pays voisins, par le vol et le meurtre.

La partie ouest du pays *kaboré* a été châtiée par les Allemands, à la fin de 1897, et les Français ont sévi contre les villages de *Lama*, de *Dumpago* et de *Kouméri*, en mai 1898.

Mais, jusqu'à ce jour, *Lama* n'a pas été l'objet d'un châtiment sévère et, par suite de cette longue impunité, les habitants ont redoublé d'audace et étendu leur champ de dévastation.

Les habitants du village frontière de *Buffalo*, autre centre important au nord de *Lama*, situé sur la montagne de *Buffalo*, vivent, au contraire, en bonne intelligence avec leurs voisins.

Buffalo est, en effet, dépositaire de fétiches vénérés que les fidèles viennent de très loin consulter et invoquer aussi bien du *Togo* que du *Dahomey*.

Mais, si les habitants de *Buffalo* se gardent bien de maltraiter les pèlerins qui les enrichissent, ils ont, jusqu'à ce jour, refusé toutes relations avec les Européens.

Le baron de Massow s'est emparé de leur village, en 1897, mais, aussitôt après son départ, ils l'ont réoccupé et ont repris leur attitude hostile.

A 9 kilomètres environ au nord de *Buffalo* se trouve une agglomération d'habitations qui porte le nom de *Koutcha*, et dès laquelle on entre chez les *Soumbas*, peuplades tout à fait primitives, qui n'ont jamais laissé pénétrer chez elles, non seulement l'Européen, mais encore, dit-on, les noirs des régions avoisinantes et chez qui, comme chez les *Kaborés*, du reste, hommes et femmes pratiquent la nudité la plus absolue.

Ici, plus de villages compacts.

Les indigènes sont groupés, par familles, dans des bastions, sortes de blockhaus isolés les uns des autres, et entourés des plantations qui servent à alimenter leurs habitants.

La figure I reproduit la première habitation de ce genre, à l'entrée sud de *Koutcha*.

C'est une épaisse et solide construction en terre, dont l'ensemble est constitué par une série de tours tangentes.

Une seule entrée donne accès dans l'édifice ; elle se ferme, à l'intérieur, au moyen d'une solide barrière qui forme porte.

L'aménagement intérieur est des plus curieux.

Le passage d'entrée franchi, on se trouve dans un vaste rez-de-chaussée, où s'étalent, tout au pourtour, les dalles qui servent à broyer le mil qui constitue la base de la subsistance.

A droite, à gauche, aux parois des murs, sont pendues les armes des guerriers :

Arcs, carquois remplis de flèches, haches, lances, poignards de tous genres, petites massues (constituant des armes de jet), casques confectionnés avec des calottes de paille tressée, surmontées de cornes d'antilopes et parsemées de cauris, boucliers en osier pour protéger des flèches).

Mais voici, appuyé contre le mur, un tronc d'arbre en forme de fourche, dans lequel ont été taillés des gradins. C'est une échelle improvisée qui conduit sur une plateforme, sorte de chemin de ronde qui relie entre elles les tours en formant cour intérieure.

De ce chemin de ronde, on peut entrer, le plus généralement de plein pied, dans chacune des tours, par une ouverture pratiquée à cet effet. Les entre-sols où l'on se trouve alors, constituent le logement proprement dit des indigènes.

Enfin, au-dessus de ces entre-sols, la partie supérieure des tours constitue les greniers de la maison. Ce sont de vastes récipients cylindriques surmontés de toits de chaume qui garantissent les graines des atteintes des intempéries.

Ce toit léger se soulève à la main, sans aucun effort, à l'aide d'un crochet dont il est armé, et on peut puiser dans le grenier avec la plus grande aisance, en restant de plein pied sur le chemin de ronde.

Enfin, ce chemin de ronde est un poste d'observation remarquable, placé à environ 6 ou 7 mètres au-dessus du sol et d'où l'on peut fouiller le terrain à de très grandes distances.

C'est ce genre d'habitation que l'on rencontre, presque exclusivement, en suivant la ligne frontière, à partir de *Koutcha* jusque vers le village de *Goubédi* (à l'est de *Djé-Gandou*).

Les indigènes d'abord très hostiles, dès l'entrée chez les *Soumbas*, ont complètement changé d'allures à partir de *Papachoba* et *Tani* et ils sont très soumis à *Djé-Gandou*, où les Allemands ont déjà arboré leur pavillon.

Fig. 1.

Le seul *côté économique* intéressant de cette région consiste dans les magnifiques et très nombreux troupeaux que l'on rencontre, à chaque pas, dans le cours des étapes.

Le terrain assez accidenté, jusques et y compris *Bit-*

chiroucou, se continue ensuite par des ondulations alternant avec d'immenses étendues de marécages.

Dans la première partie, on traverse de vastes plantations de mil qui, parfois, occupent des parcours de 6 et 7 kilomètres.

Dans la seconde, les plantations se trouvent concen-

Fig. 2.

trées autour des blockhaus, dans un cercle de rayon très variable et le reste du terrain est, en grande partie, couvert d'une brousse clairsemée et marécageuse.

Un seul point a, dès aujourd'hui, une importance indiscutable, c'est l'agglomération *Djé-Gandou*, qui est un point de passage usité et très favorable pour les caravanes qui viennent de l'est *(Kouandé)* et se rendent à

Sansanné-Mangou, un des centres commerciaux les plus importants du Soudan allemand. (C'est ainsi que les Allemands appellent le nord du Togo.)

d) *Situation politique et économique de la zone frontière Djé-Gandou et le 11e parallèle.*

La partie de cette zone, que traverse la ligne-frontière est absolument neuve, connue des Allemands qui y ont partout planté leur pavillon, mais absolument inconnue chez nous.

Elle est très peuplée et habitée presque exclusivement par les *Barbas*, race superbe, dont le type est, sans comparaison possible, le plus beau de tout le Dahomey.

Les principaux centres que l'on y rencontre sont : *Datori, Piégou* et *Kouandé*. Elle est riche en troupeaux. Son centre est *Kouandé*, où réside le roi des *Baribas*.

Cette partie de la frontière française est appelée à une réelle prospérité, surtout lorsque, partant de *Djougou*, on pourra gagner *Fada-N'Gourma* par un sentier direct passant par *Birni, Soumba, Bichiroucou, Maoni, Piégou, Kouandé, Niorgou, Kolamanga* et *Pama*. Ce sentier présentera, sur tout son parcours, des ressources abondantes et des points d'eau très rapprochés.

Le Bariba est vigoureux, mais il est aussi très actif et très agile. Les plantations sont bien cultivées et très soignées, et, ce qui est beaucoup plus extraordinaire, son habitation est presque propre.

Le type de cette habitation, qui est aussi une sorte de blockhaus, diffère de celui que nous avons trouvé chez les *Soumbas*.

Ici, chacun des blockhaus est composé de deux parties bien distinctes, le blockhaus proprement dit et une dépendance.

Le blockhaus est constitué par un chemin de ronde flanqué de deux tours principales.

Le rez-de-chaussée de ce blockhaus est à ciel ouvert et forme cour intérieure, on y accède par l'entrée la plus éloignée de l'indigène représenté par la figure 2; au lieu de gagner le chemin de ronde par l'intérieur on y accède par l'extérieur, au moyen d'une fourche formant gradins, que l'on peut enlever après avoir pratiqué l'ascension.

La dépendance est constituée par une simple case. On y accède, de l'extérieur, soit directement, soit indirectement par une cour dont l'entrée est celle qui est la plus proche de l'indigène debout (fig. 2).

Comme chez les *Soumbas*, ces blockhaus sont entourés de plantations de mil, mais la distribution de la construction ne permet ni une résistance aussi efficace, en cas d'attaque, ni l'aménagement de greniers aussi vastes.

3° Programme adopté pour le tracé de la ligne frontière et indications générales relatives à son application sur le terrain.

Lorsqu'une délimitation de frontière est basée uniquement sur la détermination de coordonnées géographiques, comme c'était le cas pour la délimitation *Dahomey-Togo*, le choix de commissaires-experts serait à peine nécessaire si on possédait des cartes exactes et détaillées, sinon parfaites, de la zone que doit traverser la ligne frontière dont le tracé théorique est détaillé dans la convention préparatoire entre les deux puissances intéressées. Le tracé de cette ligne pourrait se faire rigoureusement en Europe et des agents locaux, si peu exercés fussent-ils, suffiraient pour l'application du traité sur le terrain.

Mais, lorsque, au contraire, les cartes en question

contiennent des erreurs considérables ou font complètement défaut, le rôle des commissaires-experts est de les corriger ou de les créer de toutes pièces en travaillant en commun. Pour cela, ils doivent visiter tout le terrain en litige, en reporter exactement tous les points importants et surtout les lieux habités, et ne quitter aucun de ces points sans qu'il y ait accord absolu sur sa nationalité, accord sanctionné, sur place, par leur émargement sur un registre constitué à cet effet. C'est la seule raison d'être des commissaires.

Le programme que j'ai amené mon collègue allemand à adopter, parce que je m'en étais très bien trouvé en 1896, pour la délimitation *Dahomey-Lagos*, est la conséquence de cette nécessité de l'accord technique définitif sur le terrain. Je le résume :

Il consiste à marcher à cheval sur le méridien ou la ligne fictive quelconque, visée par la convention ou à s'en rapprocher le plus possible, à l'aide des sentiers qui la côtoient, à visiter tous les lieux habités et à fixer soit astronomiquement, soit topographiquement leur position, et, par suite, déterminer à laquelle des deux nations ils appartiennent. Il reste à rédiger les travaux de la commission, le plus généralement sous forme de levers réguliers, pour certaines zones particulièrement délicates.

C'est pour la réalisation de ce programme élaboré par les deux commissaires, le 2 juillet, à *Agoué*, que les deux sections allemande et française se réunissent à la résidence allemande de *Sebbé*, le 5 juillet 1898. *Sebbé* est situé près de *Klein-Popo*.

De cette résidence, où elles se trouvent dans les conditions les plus favorables d'installation, elles peuvent procéder avec tout le soin possible à une détermination nouvelle et définitive de la longitude de la pointe ouest de *l'île Bayol*, qui doit jouer un grand rôle dans le tracé de la frontière.

A la suite de séries d'observations concluantes, ce point est définitivement fixé, le 11 juillet, et le 12, la marche en avant de la commission est entamée.

4° Coup d'œil sur les étapes parcourues.

C'est d'abord la lagune que nous utilisons pour atteindre le *Mono*, à *Abanancoué*.

La portion de la ligne frontière qui intéresse cette lagune doit, d'après le protocole de 1897, se tenir à égale distance des deux rives. Mais nous ne tardons pas à nous rendre compte, par de nombreux sondages, que cette clause toute théorique de la convention est la suppression pure et simple de la lagune comme voie de navigation. Les pirogues qui la sillonnent sont, en effet, obligées, pous ne pas s'ensabler, de se rapprocher tantôt d'une rive, tantôt de l'autre, et toute pirogue obligée de s'abstenir de franchir la ligne médiane est vouée à un échouement fatal.

Nous remontons ensuite le *Mono*, dont les rives marécageuses nous procurent, par la saison des pluies qui bat son plein, les campements les plus malsains.

Les deux commissaires que transporte une même baleinière s'arrêtent à chaque village riverain pour éclairer les indigènes sur la situation qui est faite par la nouvelle délimitation aux villages qui sont à cheval sur les deux rives du fleuve.

En règle générale, les villages sont construits sur la rive droite, la plus salubre, et les plantations sont situées sur la rive gauche, la plus humide.

Il faut que sous une année (c'est le terme que les commissaires ont proposé, d'un commun accord, et qui a été accepté par les deux gouvernements), les indigènes aient transporté, sur la rive où ils veulent se fixer, soit le village, soit les plantations, c'est-à-dire que leur option pour l'une ou pour l'autre nationalité soit devenue effective.

Nous campons successivement à *Abanancoué*, *Vodomey*, *Agome-Seva*.

Ce dernier centre est la clef de tout le *Mono*, au double point de vue politique et économique. Notre séjour y est prolongé par une indisposition du baron de Massow.

Nous gagnions ensuite *Athiemé*, *Topli*, puis enfin *Togodo*.

A partir de ce dernier centre, le fleuve, semé de rapides, n'est plus navigable et c'est par voie de terre que nous arrivons, le 30 juillet, à *Tounn*, grosse agglomération de villages dont la population peut, sans exagération, être évaluée à plus de 4.000 habitants.

Tounn se trouve au nord et très près du 7e parallèle à partir duquel le méridien de l'île *Bayol* sert à nouveau de ligne frontière.

Les opérations astronomiques et topographiques présentent donc ici un intérêt tout particulier, et malheureusement la saison des pluies ne les favorise guère.

Après avoir déterminé avec exactitude le point astronomique de *Tounn*, puis l'intersection du *Mono* et du 7e parallèle, et après avoir relevé les nombreux sentiers et villages qui forment un réseau à mailles serrées, nous pouvons enfin gagner *Tado*, le 24 août.

Une détermination astronomique rigoureuse du point de *Tado* est nécessaire, car ce centre important est à coup sûr très voisin de la frontière et très discuté. Comme pour *Tounn*, les environs de *Tado* nécessitent des reconnaissances topographiques détaillées et précises. Ce travail est terminé le 9 septembre.

Le 10, nous prenons le sentier qui doit nous conduire à *Agouna* et campons le même jour, à un village de fermes nommé *Agodocoué,* situé à peu près à mi-distance entre *Tado* et *Agouna.*

Nous atteignons *Agouna* le 11 septembre. Entre *Tado* et *Agouna,* toute la zone située entre le sentier que nous suivons et le méridien *Bayol* est complètement désertée et inculte, aucun sentier ne la traverse et cette particularité facilite considérablement le travail.

Le 26 septembre, nous nous rendons à *Tchetti,* par *Aklamé* et *Motchama.*

Enfin, le 8 octobre, nous atteignons *Doumé.* Les environs de *Tchetti,* comme ceux de *Doumé,* nécessitent un travail topographique très détaillé.

A *Doumé,* les difficultés sont encore augmentées par la nature marécageuse des sentiers détrempés par des pluies torrentielles.

Ce travail terminé, nous quittons *Doumé,* le 3 novembre, et allons camper sur les bords de la rivière *Tchoulori,* au pied du mont *Okélaré,* pour gagner *Louba,* le lendemain 4 novembre.

Sur le trajet, depuis *Doumé,* pas une amorce de sentier vers l'Ouest ne décèle la présence de lieux habités ni même de plantations.

Le 22 novembre, sous arrivons à *Pira,* où nous séjournons jusqu'au 6 décembre, date à laquelle nous arrivons à *Cabolé.*

Notre entrée dans cette région troublée par les événements du commencement de l'année n'est pas sans causer quelque inquiétude aux indigènes, mais ils sont pris de panique lorsque, le 13 décembre, le docteur *Kersting,* qui a brûlé leur village, arrive avec une escorte de 20 hommes.

Ils croient que les blancs vont en venir aux mains et fuient de toutes parts dans la brousse.

Alors que pendant les opérations de délimitation les

administrateurs français riverains ont observé la plus grande réserve vis-à-vis des territoires en litige de la zone frontière et se sont abstenus d'y paraître seuls et à plus forte raison, accompagnés d'une escorte, le docteur Kersting, au contraire, s'y promène comme en pays conquis.

A *Tado*, c'est avec une escorte de 30 hommes qu'il est venu camper pendant plusieurs jours au milieu de nous, pour rejoindre ensuite sa résidence en traversant *Agouna, Tchetti, Doumé,* effectuant, par suite, un parcours de plus de 80 kilomètres en territoire français, pavillon allemand déployé. A un moment où la situation politique commande les plus grands ménagements et un grand sang-froid, l'arrivée du docteur Kersting et de son escorte me paraît une grande imprudence, et, comme elle porte une atteinte considérable à notre prestige, il est de mon devoir de protester.

Je le fais immédiatement en informant le baron de Massow de l'affolement des indigènes et en le priant de donner des ordres pour que l'escorte du docteur Kersting quitte *Cabolé* dans les vingt-quatre heures. Sur son refus, je suspens les opérations et je prends en même temps mes dispositions pour qu'une entente entre les gouvernements prévienne le retour d'incidents de ce genre, que je considère comme des violations flagrantes des règles internationales auxquelles sont soumises les opérations de délimitation.

Les deux sections évacuent la zone contestée. Les Français gagnent *Bassila* le 26 décembre, et les Allemands se rendent à *Sokodé*.

Pour éviter la traversée de *Bédou*, qui peut amener des manifestations fâcheuses, nous suivons un sentier qui se détache de *Cabolé*, vers l'Est, traverse la rivière *Adjiro*, et, ensuite, en remontant vers le nord la rivière *Aram*, gagne de là *Manigri*, puis *Bassila*.

Je parlerai plus loin des incidents qui ont marqué notre installation à *Bassila*.

J'ai la conviction que la difficulté qui a séparé les deux sections va être tranchée à bref délai, mais c'est en vain que j'attends toute communication dans ce sens.

Enfin, le 5 avril, c'est-à-dire plus de trois mois et demi après la suspension des opérations, je reçois un pli du baron de Massow, me disant que son gouvernement vient de l'aviser que le différend du mois de décembre vient d'être réglé, à mon avantage du reste, et que, de son côté, rien ne s'oppose à la reprise des opérations. Je lui réponds, sur-le-champ, que je me trouverai, le 8, à *Cabolé*, point où nous nous sommes séparés.

Le long séjour que nous avons été obligés de faire à *Bassila* a fait des ravages dans les rangs de notre escorte et de notre convoi.

Bassila a pu assurer la subsistance de notre monde, mais, en pleine saison sèche, il nous a été impossible d'y trouver comme boisson autre chose que de l'eau provenant de mares pestilentielles.

Tout le monde en est plus ou moins éprouvé et c'est avec un véritable enthousiasme que nous entrevoyons la reprise de la marche en avant.

Le 8 avril, nous levons donc le camp et nous gagnons *Cabolé*.

Pour abréger l'étape, nous traversons *Bédou*, où nous faisons halte. Les partisans de Candotipa ont pris la fuite et le reste de la population nous reçoit avec empressement.

Malheureusement, à mon arrivée à *Cabolé*, vers 5 heures du soir, je croise un courrier que m'adresse le baron de Massow et qui me remet une lettre dans laquelle le commissaire allemand s'excuse de ne pouvoir encore me rejoindre.

Pour une raison ou pour une autre les choses traînent en longueur, et ce n'est que le 15 mai, à l'arrivée du lieutenant Preil, qui remplace le docteur Rigler, indisposé, que les Allemands sont prêts à entrer en ligne.

Les opérations sont restées suspendues plus de cinq mois.

Le 31 mai, les deux sections gagnent *Bédou;* aucun incident ne s'y produit et je relève tous les villages et les sentiers des environs.

Le point astronomique a placé *Bédou* chez nous; aussi, dès la fin des travaux topographiques et en présence des Allemands, le 8 juin, je fais hisser le pavillon français, auquel je fais rendre les honneurs, puis nous gagnons pour la seconde fois *Bassila*.

J'ai profité de notre premier séjour dans le centre pour exécuter les travaux topographiques pouvant intéresser ce point important, et le séjour actuel n'a d'autre raison d'être que d'y attendre que les Allemands eux-mêmes aient fait la reconnaissance de la frontière.

Le 17 juin, nous gagnons *Batémi* et nous arrivons le 21 du même mois à *Pénésoulou*, après avoir reconnu et relevé la région *Somindé - Kirikri - Codoari.*

Enfin, après avoir fixé le point de *Péléla*, les deux sections se séparent à nouveau.

Le baron de Massow, fatigué, désire se rendre à la résidence allemande de *Kirikri*, où il pourra prendre un repos relatif, tout en rayonnant dans la partie de la zone frontière comprise entre les sentiers de *Pénésoulou* à *Séméré* par *Aledjo* et de *Kirikri* à *Séméré* par *Taboni* et *Soutou*.

Pour étudier cette zone, en partie très accidentée et qui présente un intérêt topographique de tout premier ordre, je vais camper au centre même du terrain à lever, visitant successivement, pour les facilités de travail : *Aledjo*, *Parataou*, *Kadé*, *Tchimbéry*, *Aforé*, dont je détermine les emplacements exacts par un lever régulier.

Pour la réalisation de ce programme, je n'ai gardé avec moi que le nombre de porteurs strictement nécessaire et six hommes d'escorte.

Le 18 juillet, j'ai achevé ma tâche et je gagne *Séméré*, où le reste de ma mission m'attend depuis le 29 juin.

A peine suis-je arrivé à *Séméré* que je reçois, dans la nuit du 20 au 21, un courrier rapide envoyé par le résident de *Djougou* et demandant que je veuille bien autoriser M. le docteur Ruelle à se rendre à *Djougou* même, auprès d'un fonctionnaire de la colonie, M. Chevrier, très gravement malade.

Le docteur Ruelle arrive à *Djougou* le 22, à 2 heures du soir, à temps, heureusement, pour sauver M. Chevrier.

A cette même date, le 22, je reçois, le matin, à *Séméré*, une lettre datée de Kirikri, écrite par le lieutenant Preil, et signée par le baron de Massow.

Dans cette lettre, M. de Massow me fait dire qu'il est atteint d'un accès de bilieuse hématurique qu'il regrette d'autant plus que nos opérations vont subir de ce fait un nouveau retard.

Le 22 au soir, arrive un second courrier qui apporte une seconde lettre du lieutenant Preil, me disant qu'il considère l'état du baron de Massow comme désespéré et me demande le secours du docteur Ruelle.

Sans perdre un instant, j'envoie par cavalier au docteur Ruelle, à *Djougou*, l'ordre de se rendre immédiatement à *Kirikri*. Ma dépêche lui parvient dans la nuit du 22 au 23, et le 23 au matin il se met en route.

A son arrivée à *Kirikri* après 15 heures de marche, tant de jour que de nuit, le baron de Massow avait rendu le dernier soupir.

Les opérations sont désormais suspendues par la force des choses.

Le 8 août, c'est la section française qui est éprouvée et j'ai l'immense regret de me séparer d'un vaillant et dévoué collaborateur, ce même docteur Ruelle, que je suis obligé de renvoyer à la côte et de là en France. L'inaction débilitante occasionnée par la suspension des opérations, de décembre 1898 à mai 1899 et surtout les énormes fatigues et les émotions de ces derniers jours ont profondément altéré sa santé.

Le lieutenant de vaisseau Brisson, qui est chargé de l'accompagner jusqu'à *Savalou*, est de retour à *Séméré* le 25 août.

Des cinq Européens qui composaient la section française, deux seulement ont pu résister aux épreuves : le lieutenant de vaisseau Brisson et moi.

L'adjoint des affaires indigènes Richaud, très malade, a dû me quitter le 5 décembre 1898, pour rentrer en France. Le soldat d'infanterie de marine Bachelard, atteint d'anémie cérébrale profonde a pris le chemin de la côte le 2 avril 1899 et je viens de dire comment j'avais dû me séparer du docteur Ruelle, le 8 août.

Nous sommes fatigués, mais la perspective des difficultés que nous sommes certains de rencontrer à brève échéance nous donne un ressort nouveau, en même temps que nous éprouvons un réel soulagement, en nous éloignant de régions qui nous laissent d'aussi tristes souvenirs.

La marche en avant est reprise le 14 septembre, date de notre arrivée à *Kouméri*, où nous séjournons le 15.

Le 16, nous sommes à *Lama;* le 17, à *Buffalo*, où nous campons jusqu'au 21.

Du 21 au 23, nous séjournons à *Soumba*. Enfin, le 24, nous campons sur les bords de la rivière *Tchinaï-Chiré*.

Je dirai plus loin, en parlant des opérations militaires, les difficultés qui ont accompagné cette marche en avant, et les combats auxquels elle a donné lieu ; mais je vais citer dès maintenant la série des étapes ayant eu pour but la détermination de la frontière entre le 10e parallèle et *Djé-Gandou*.

Cette frontière est, comme nous l'avons vu, définie par une ligne droite fictive, joignant les deux points suivants :

1° L'intersection du 10e parallèle et d'un méridien issu d'un point particulier de la rivière *Kara* (voir le protocole de 1897) ;

2° Un point situé à égale distance des villages *Djé* et *Gandou*.

Mais, après avoir déterminé l'intersection du méridien Kara dont il vient d'être parlé et du 10e parallèle, on est encore en pleine incertitude sur la direction à suivre pour atteindre *Djé-Gandou*, pour la bonne raison que cette localité n'a jamais été fixée topographiquement que d'une manière absolument insuffisante; je dirai même complètement fantaisiste. Néanmoins, pour réaliser le programme qui nous était tracé, nous avons admis pour *Djé-Gandou* un emplacement provisoire obtenu en prenant la moyenne, en latitude et en longitude, des emplacements qu'occupe ce centre sur les cartes allemande et française et résolu le problème en marchant vers ce point, sous l'angle que la ligne frontière fictive tracée d'une façon aussi imparfaite fait avec la direction N.-S.

Il serait trop long de retracer ici tous les incidents que la conception diplomatique formulée par le protocole de 1897 nous a ménagés.

Personne n'ayant, jusqu'alors, visité cette région, on n'avait aucune idée de ce qu'elle pouvait être.

Etait-elle peuplée, fertile, sillonnée de cours d'eau, d'un accès facile ou seulement possible, par suite de la rencontre de nombreux sentiers permettant de se rapprocher le plus possible de la ligne fictive présentant un développement de 80 kilomètres environ, à vol d'oiseau ?

Personne ne pouvait répondre à ces questions.

Une inspection sommaire de la carte du secteur qui nous occupe montre de quelle façon heureuse nous sommes arrivés au but, malgré les difficultés locales de premier ordre.

De la *Tchinai-Chiré*, que nous quittons le 25 septembre, part, vers le Nord, un magnifique sentier suivant la crête d'un contrefort de l'*Atacora* et traversant de nombreux centres habités. Ce sentier va rejoindre, vers *Bassaroki*, celui de *Ouabou* à *Makéri*. Nous le suivons sur un parcours d'environ 4 kilomètres, mais nous sommes obligés de le quitter pour nous rapprocher de la ligne frontière fictive. Nous descendons dans la plaine et allons camper sur les bords de la rivière *Gpako* (25 septembre).

Le 26, le pays que nous traversons est aussi très peuplé ; il est, de plus, très accidenté. Nous franchissons les hauteurs de *Kouiako* et allons camper au sommet d'un col des monts *Tapaouré*, à portée duquel nous trouvons des vivres et de l'eau en abondance.

De ce point relativement élevé, nous pouvons faire des visées efficaces qui nous permettent de rectifier notre marche, en allant camper, le lendemain 27, à *Bitchiroukou*, où nous séjournons le 28.

Au sortir de *Bitchiroukou*, nous franchissons les monts *Tirapengou*, pour gagner *Papachoba*, le 29 septembre.

Du pied du versant nord des monts *Tirapengou* jusqu'à Papachoba, le terrain est marécageux bien que peuplé. (Il est bon de remarquer que nous sommes en fin de saison des pluies.)

Le 30 septembre, nous atteignons *Tani*, qui est dominé à l'ouest et au nord par le dernier contrefort de l'*Atacora* que nous aurons à traverser pour nous rendre à *Djé-Gandou*.

Au delà de ce contrefort, nous entrons dans la plaine du *Mangou* et campons, le 1er octobre, sur les bords d'un cours d'eau de trois mètres environ de largeur, situé approximativement à 22 kilomètres de *Tani*.

C'est le lendemain, 2 octobre, que nous effectuons l'étape la plus pénible (4 kilomètres parcourus en neuf heures), par un sentier marécageux où hommes et chevaux restent embourbés des heures entières.

Partis à 8 heures du matin seulement du campement, grâce à une pluie torrentielle qui nous avait empêchés d'abattre plus tôt nos tentes, nous arrivons à 2 h. 30 du soir à un cours d'eau d'environ 10 mètres de largeur, sur 2 mètres de profondeur, que nous ne pouvons franchir qu'en couchant des arbres qui relient ainsi les deux rives en formant pont.

Sur la rive droite de cette rivière, le terrain est plus propice, bien que marécageux encore.

Enfin, à 5 heures du matin, nous rencontrons un groupement de cases nommé *Goubedi*, où nous installons notre camp sur un sol absolument détrempé.

Nous devons être bien près de *Djé-Gandou*; mais, après la leçon de la dernière étape qui aurait pu nous être fatale, je renonce à marcher à l'aventure vers ce centre.

Aussi, dès le lendemain, 3 octobre, au matin, nos cavaliers sont envoyés en reconnaissance. Ils doivent rechercher la vraie direction de *Djé-Gandou* et le meilleur sentier pour s'y rendre.

Les ressources en vivres ne nous font, du reste, pas défaut, car, si les plantations ne sont pas abondantes, nous avons sous la main de magnifiques bœufs qui peuvent, à l'occasion, nous permettre d'attendre. Bien plus, le cas échéant, je puis faire appel à une réserve de riz que j'ai laissée intacte pour les circonstances critiques qui pourraient se présenter et qui assure l'alimentation de nos hommes pendant plus de trois jours. Même en répartissant cette réserve sur la section allemande, je puis compter sur près de deux jours de vivres.

Mais nos prévisions, quant à la distance qui nous sépare de *Djé-Gandou* ne tardent pas à se réaliser, car, dès la soirée du 3, tous nos cavaliers sont de retour et, non seulement ils ont reconnu la direction à suivre, mais ils nous amènent des guides sûrs.

Le lendemain, 4, nous gagnons *Djé-Gandou* par une étape d'environ 8 kilomètres.

Les chefs des différents villages qui composent cette agglomération importante ont déjà reçu le pavillon allemand et obéissent au résident de *Sansanné-Mangou*.

La station paraît propice pour le repos dont tout notre monde a grand besoin, mais *Sansanné-Mangou* est proche, à deux étapes seulement, et comme je compte pouvoir m'y arrêter dans de meilleures conditions, nous ne séjournons que la journée du 5 octobre, et, le 6, nous campons à *Bombaro*, sur le sentier direct de *Djé-Gandou* à *Sansanné-Mangou*.

Le lendemain, 7, nous campons sur la rive de l'*Oti* qui est, en cet endroit et en cette saison, un magnifique cours d'eau de plus de 150 mètres de largeur, très profond et à courant très rapide.

Le 8 au matin, le lieutenant Preil nous fait savoir que le docteur Rigler (le même qui, tout d'abord, faisait partie de la commission de délimitation et qui est aujourd'hui résident de *Sansanné-Mangou*), est à toute extrémité par suite d'un accès de bilieuse hématurique et qu'il ne dispose ni du personnel ni des ressources nécessaires pour les soins urgents que réclame son état.

Je prie immédiatement M. le lieutenant de vaisseau

Brisson, aussi expert que dévoué, de se munir du nécessaire en médicaments, vins, etc., et de franchir l'*Oti* pour se rendre, sans perte de temps, près du docteur Rigler.

Ce premier devoir rempli, je prends les dispositions habituelles pour le passage de la rivière, qui est terminé le lendemain, 9, dans la soirée.

Un séjour à *Sansanné-Mangou* s'impose, non seulement pour le repos de tous et les soins à donner aux éclopés, mais aussi pour recueillir tous renseignements utiles sur la partie de la zone frontière que nous allons parcourir. Nous profitons de ce séjour pour acheter des chevaux qui remplaceront fort à propos les nôtres, qui sont dans un état pitoyable.

Sansanné-Mangou est constitué par une série de gros villages assez espacés les uns des autres, peuplés, bâtis dans la fertile vallée de l'*Oti* et disposant de nombreux et magnifiques troupeaux. Son marché est animé et un caravansérail très bien situé assure un gîte confortable aux marchands haoussas qui le fréquentent.

Mais, si *Sansanné-Mangou* et sa campagne sont fertiles et propices à l'élevage, c'est certainement un des centres les plus malsains qu'il soit possible de rencontrer. A la saison des pluies, c'est une suite presque ininterrompue de marécages provoqués par les débordements de l'*Oti* et qui se changent, à la saison sèche, en terrains où le paludisme fait autant de victimes que d'Européens présents et où les moustiques seuls peuvent se créer une existence acceptable.

Aussi, dès que la santé du docteur Rigler nous le permet et que le personnel de la mission est remis en main, je quitte avec entrain ce maudit repaire, où j'ai trouvé moyen de m'offrir très libéralement, en cinq jours, rhume, fièvre et insomnie permanentes.

J'ai exposé, plus haut, la nécessité où nous nous trouvions de passer par *Sansanné-Mangou,* où nous devions entamer le tracé exact du sentier *Sansanné-Mangou - Pama,* base de la frontière entre Djé-Gandou et le 11e degré de latitude nord (la ligne frontière devant se trouver à 30 kilomètres à l'est de ce sentier et lui être parallèle).

Je dois ajouter que c'est de *Sansanné-Mangou* que j'ai pu, pour la première fois, le 12 octobre, expédier sur *Fada-N'Gourma* des courriers rapides me permettant d'aviser télégraphiquement le gouverneur du Dahomey de tous les événements survenus depuis le combat de *Lama* (16 septembre).

Pendant notre séjour à *Sansanné-Mangou,* et à propos des renseignements que nous cherchions à recueillir sur les étapes futures, le docteur Rigler avait été amené à nous parler du sentier-base.

Mais, alors que j'étais convaincu, et pour cause, que le sentier qui nous intéressait était celui qui gagnait *Pama,* DIRECTEMENT, en passant par *Tamioti, Borogou, Pélélé* et *Kolamanga,* le docteur Rigler, éclairé, nous disait-il, par les interprétations du docteur Kersting (voir les incidents *Cabolé-Bédou)* et du lieutenant Thierry, nous soumit une opinion toute différente sur le sentier visé par le protocole.

D'après lui, ce sentier était jalonné par les localités suivantes :

Tamioti, Yégou, Koutjanga, Mandouri, Tiouoli et *Kolamanga.*

Le lieutenant Preil, lui, donnait une autre variante du tracé de ce sentier, que le procès-verbal du 23 juillet 1897 n'avait peut-être pas suffisamment spécifié.

Selon lui, de *Sansanné-Mangou,* le sentier gagnait successivement *Tamioti, Borogou, Bonga, Koutjanga. Mandouri, Tiouoli* et *Kolamanga.*

Le docteur Rigler et le lieutenant Preil préconisent du reste leur système en se basant sur ce fait que leur sentier-type est le seul suivi par les caravanes se rendant de *Sansanné-Mangou* à *Pama*, et inversement ; mais il est tout *naturel* de remarquer que les deux solutions proposées reportent tout bonnement la frontière à 20 ou 25 kilomètres plus à l'est, à hauteur du centre très important de *Gouandé*, qui est, de ce fait, attribué à l'Allemagne.

La solution soumise par le docteur Rigler n'avait, du reste, qu'un intérêt purement spéculatif, les commissaires ayant seuls voix au chapitre. Mais toute autre était celle du lieutenant Preil, qui pouvait amener un surcroît de travail, en mettant les deux commissaires dans l'obligation morale de relever les tracés de la ligne-frontière se rapportant à deux sentiers différents, à seule fin de soumettre le litige à leurs gouvernements respectifs.

Dès lors, après avoir pesé les arguments qui m'amenaient à conserver intégralement ma solution (1), j'écrivis au lieutenant Preil pour lui exposer ma façon d'envisager la situation, en la lui présentant sous la forme suivante :

« Vous êtes amené à penser que le sentier *Borogou, Bonga, Koutjanga, Mandouri, Tiouoli* est le seul acceptable ?

» Or, les quatre derniers de ces points étaient absolument inconnus de *vos fonctionnaires et des nôtres* à l'époque de la signature du traité.

» M. le lieutenant Thierry est venu à *Gouandé*, il y a moins de *treize mois*, vers octobre 1898, installer le pavillon allemand, alors que la commission de délimi-

(1) Solution adoptée par les deux gouvernements, en fin de mission.

tation, ayant seule mission pour le faire, fonctionnait déjà depuis au moins trois mois (1).

» Ce n'est qu'après ce voyage à *Gouandé* qu'il est allé à Mandouri.

» Dans les deux cas, c'était la première fois qu'un blanc visitait ces régions, et la convention signée à Paris est du 23 juillet 1897.

» Le seul sentier qui ait pu être visé par cette convention est le seul qui fût connu des commissaires, le seul qui fût porté sur les deux cartes, allemande et française, le seul qui pût servir de base sérieuse et ne laisser champ à aucune fausse interprétation, ni à aucun concours d'efforts d'imagination.

» Or, ce sentier, le seul qui fût connu en 1897, est le sentier direct *Sansanné-Mangou, Tamioti, Borogou, Pélélé, Kolamanga, Pama*. C'est celui que je relèverai à l'exclusion de tout autre. »

Les travaux continuent, du reste, à s'exécuter en commun dès notre départ de *Sansanné-Mangou*, le vendredi 13 octobre 1899, date qui marque en même temps la fin de la saison des pluies.

Nous campons, le 13, à *Yagpabengou* (près de *Tamioti*, qui n'est plus qu'un village en ruines), et nous sommes à *Borogou* le 14.

Le pays parcouru depuis *Sansanné-Mangou*, qui présente toujours le même aspect marécageux jusqu'à *Yagpabongou*, se modifie totalement aux abords de *Borogou*, où nous campons sur la rive gauche de la rivière *Boropédi*. Ce cours d'eau a environ 40 mètres de largeur et sa profondeur et son courant impétueux en rendent le passage assez long.

Le 15, nous campons à *Pélélé*, où nous séjournons le 16. Le 17, nous arrivons au village de *Pougno*, encadré

(1) Renseignements pris sur place et reconnus exacts.

par des hauteurs caractéristiques quoique de faible relief.

Enfin, le 18, nous quittons *Pougno* et, après avoir traversé une des branches de l'*Oti*, la rivière *Boukouenou* (70 mètres de largeur), nous campons à *Kolamanga* qui marque le point terminus de notre marche vers le nord.

Si *Yagpabengou* et *Pougno* sont des localités très peu importantes, il n'en est pas de même de *Borogou*, *Pélélé* et *Kalomanga*, qui disposent de ressources appréciables. Tous ces villages sont composés d'habitations isolées.

En réalité, *Kalomanga* se compose de deux villages principaux portant les noms de *Papaka* et de *Nateinba*.

Dès notre arrivée, le chef et les habitants de *Papaka* s'empressent de nous apporter eau et vivres, alors que les habitants de *Nateinba* gagnent la brousse et ne reviennent, rassurés, que vers la tombée de la nuit, après avoir eu connaissance des cadeaux que nous avons distribués avec prodigalité.

Le lendemain, 19 octobre, nous commençons les étapes qui doivent nous rapprocher de la côte et campons à *Tiouli* (sur la rive gauche de l'*Oti*).

Le sentier de *Kolamanga* à *Tiouli* longe, à faible distance, la rivière *Boukouénou* et doit à ce voisinage de nombreux tronçons marécageux, bien que facilement praticables. Par contre, il est précieux à la saison sèche, par cela même qu'il assure de nombreux points d'eau.

Le sol qui environne *Tiouli* est complètement détrempé et le campement y est des plus malsains. Je suis néanmoins obligé d'y séjourner le 20, pour reconnaître le village de *Niorgou*, par un sentier qui est longé sur presque tout son parcours par la belle rivière *Pins'-Héri*.

C'est cette même rivière *Pins'Héri* que nous traversons, le lendemain 21, pour gagner Tampaga.

Après l'avoir traversée, non loin de *Coniga*, le sentier que nous suivons contourne, en les laissant sur sa gauche, des marécages profonds formant un grand lac. Ces marécages portent le nom de *Bougnabo;* quantité d'hippopotames y prennent leurs ébats.

A *Tampaga*, nous recevons un accueil empressé. Je suis obligé d'y séjourner, le lendemain, pour lever les environs, qui me paraissent très peuplés, et nous gagnons enfin *Gouandé*, le 23 octobre.

Depuis le départ de *Pougno*, la section française opère isolément pendant que le lieutenant Preil parcourt l'alignement des sentiers qui forment la base de la frontière qu'il préconise.

Le plus grand nombre des villages *Barbas* portent le nom du chef du moment, suivi du mot *déni*, qui signifie village. *Gouandé* devrait, par suite, s'appeler *Gouandéni*, village de *Gouan* (*Gouan* étant le nom du roi actuel). Les indigènes ont jugé à propos d'abréger.

En plus de ce nom inhérent à celui du chef, chaque village a un nom de tradition qui n'est pas soumis à changements.

C'est, de préférence, ce dernier que j'ai fixé sur la carte.

Ce renseignement m'a néanmoins fait défaut, pour *Gouandé*, où nous avons cependant été obligés de nous arrêter plusieurs jours, non seulement pour attendre l'arrivée du lieutenant Preil, mais aussi pour exécuter de nombreuses reconnaissances topographiques permettant de fixer les groupes nombreux de villages traversés sur la ligne frontière.

Le véritable chef du pays barba est Kantjo, le roi Gouan, son père, n'étant plus qu'un inoffensif gâteux.

Kantjo supplée par une intelligence réelle à un défaut de stature particulièrement désavantageux, au milieu d'une race aussi belle. Il est, toutefois, jeune et vigoureux.

Dès l'arrivée de la section française, il se met sponta-

nément à ma disposition et remplit consciencieusement les fonctions de guide, que l'espoir d'une large rémunération lui a fait entreprendre.

Mais, sa qualité de sujet allemand le trouble un peu,

et dès qu'il apprend que le lieutenant Preil arrive, le 30 octobre, il devient introuvable.

Les deux sections se séparent du reste à nouveau, le lendemain 31 octobre, après la fixation en commun du point astronomique de *Gouandé*, et nous gagnons *Tcharpan'Ha*, où nous séjournons le 1er novembre.

Les habitants nous reçoivent avec empressement et nous y trouvons une abondante subsistance.

Le 2 novembre, nous gagnons *Piégou*. Le gros de la section française avec M. le lieutenant de vaisseau Brisson s'y rend directement, et j'y arrive le même jour, en faisant un grand détour par Soumbou, centre très important voisin de la frontière.

Toute la zone qui se trouve à l'est du sentier direct *Tcharpan'Ha - Piégou*, entre ce sentier et la chaîne de hauteurs qui constitue le dernier contrefort de l'*Atacora*, vers l'ouest, est très peuplée et riche en troupeaux.

Le village de *Piégou*, particulièrement important par ses dépendances et qui a, lui aussi, reçu le pavillon allemand, nous fait un accueil qui contraste avec celui auquel nous avons été habitués jusqu'à ce jour, chez les *Barbas*.

Le chef, qui avait d'abord fait acte de présence, gagne la brousse aussitôt après notre installation au campement. Les habitants le suivent et tous gardent la même attitude le 3 novembre.

Les vivres que les indigènes de villages voisins, *Sammao, Touroumor'Hou, Tapoga*, nous apportent, nous permettent de prendre patience et de respecter les plantations.

Enfin, à la suite de l'accueil plus que bienveillant qui a été fait aux notables des villages que je viens de citer, *Piégou* revient à des sentiments plus confiants, le 4 novembre au matin.

Le chef veut même joindre, aux cadeaux d'usage, deux superbes bœufs. Il prend, au surplus, le soin de dire que c'est pour se mettre à la recherche de ces bœufs qu'il a disparu, lui et ses administrés, pendant deux jours.

Le 4 au soir, il est complètement rassuré, et, le 5, à la première heure, il nous amène lui-même les guides qui nous conduisent à *Pinpingua*, centre de peu d'importance, mais bien cultivé, situé sur les bords de la petite rivière *Pimparagua*.

Mais, en marchant sur *Piégou*, qui assurait la subsistance de tout notre monde, nous nous sommes écartés sensiblement de la ligne frontière, qu'il faut maintenant serrer de plus près.

De *Pinpingua*, où il m'est impossible de trouver un guide voulant s'aventurer vers l'Ouest ; je fais appel à la boussole pour la recherche d'un sentier qui me permette de gagner *Soumbou* aussi directement que possible.

Quittant le campement sur le tard, le 6 novembre, à 3 heures de l'après-midi, j'emporte un jour de vivres pour ne pas être pris au dépourvu. A la tombée de la nuit, vers 6 heures du soir, je campe en pleine brousse sur un emplacement favorable, à proximité d'un point d'eau.

Le lendemain, 7 novembre, à midi, j'arrive à *Soumbou*, d'où je vais reconnaître la rivière *Oti*, qui porte ici le nom de *Penna*.

Le 8, dans la matinée, je reconnais les environs de *Soumbou*, vers l'Est.

Dans la soirée, je gagne *Koulandjari*, centre beaucoup moins important que *Soumbou*, mais qui est, comme cette dernière localité, un des points de passage du sentier de *Gouandé* à *Sansanné-Mangou*.

L'*Oti* passe également à *Koulandjari.*

Le 9 novembre, je campe à *Badgéni*, après avoir traversé *Por'Hou* et, le 10, je rejoins à *Djé-Gandou* les deux sections allemande et française déjà réunies.

Enfin, le 11, j'exécute une dernière reconnaissance en retournant à *Badjéni*, par *Datori*, *Kotéa* et *Tamiaga.*

Cette reconnaissance marque le terme des travaux topographiques concernant la délimitation, car il est impossible de circuler dans l'immense zone marécageuse et inhabitée que traverse la ligne frontière entre *Tamiaga* et les fermes qui se trouvent au sud-est de *Soumbou*, d'une part, et, d'autre part, entre le sentier de *Pinpingua* à *Soumbou* et celui de *Soumbou* à *Badjéni* par *Koulandjari.*

Il nous reste à fixer, par les procès-verbaux d'usage, la nationalité des lieux habités que nous avons visités, de façon à parer, autant que possible, à toutes difficultés d'interprétation lorsque nous aurons quitté le terrain.

Ce travail nous conduit au 17 novembre 1899, date où s'opère la dislocation de la commission de délimitation.

La section allemande va gagner *Sansanné-Mangou* et, de là, descendre directement vers la côte.

La section française va prendre, pour le retour, le sentier qui, de *Datori*, suit la direction générale ouest-est jusqu'à *Marka*, pour gagner de là *Kouandé* et descendre ensuite vers la côte par *Birni*, *Djougou*, *Sessé*, *Salmanga*, *Kélélé*, *Manigri.*

Je trouve à cette direction un double avantage : tout d'abord elle nous permet d'éviter une région essentiellement marécageuse, à peine praticable dans nombre de ses tronçons et où, de plus, nous pouvons être encore obligés de nous ouvrir un passage par les armes, en arrivant chez les *Soumbas*.

Elle permet, de plus, de relever avec exactitude le sentier *Datori - Marka*, très mal défini sur nos cartes et sur les cartes allemandes, et auquel la nouvelle frontière donne une importance capitale.

Le 17, nous campons en pleine brousse, sur les bords de la rivière *Pimparagua*, cours d'eau d'environ 6 mètres de largeur.

Le 18, dès le réveil, je suis dans un état de faiblesse extrême et dans l'impossibilité absolue de produire un effort de quelque durée. Je ressens, de plus, de violentes douleurs dans les poignets, dans les jambes et dans la tête et ne puis absorber qu'à grand'peine très peu de nourriture.

On me hisse sur mon cheval et je conserve tant bien que mal l'équilibre; mais, les pentes d'un contrefort de l'*Atacora*, que nous avons à franchir, sont tellement raides que je ne puis les gravir ni à cheval ni en hamac. Je gagne le plateau à pied à une allure nerveuse et précipitée qui m'épuise. Le soir, nous campons à *Makéri*.

Le lendemain 19, dès le jour, nous nous remettons en marche.

La monotonie de l'étape, si pénible dans de semblables conditions, est rompue, pour un instant, entre *Makéri* et *Maoni*, par une attaque à laquelle je suis obligé de riposter. (Voir le paragraphe relatif aux opérations militaires.)

Nous campons, le soir, à *Bassaroki*.

Toute la région parcourue depuis la rivière *Pimparagua* est très accidentée. Les contreforts élevés que nous traversons sont sillonnés par de nombreux cours d'eau. On y ressent une fraîcheur relative qui atténue les fatigues de la marche. Par contre, la nuit venue, nos tempéraments anémiés supportent péniblement la température rigoureuse et, au réveil, l'eau employée à nos soins de toilette nous semble absolument glaciale.

A partir de *Bassaroki*, nous longeons les contreforts de l'*Atacora*, au lieu de les couper, et le terrain s'abaisse sensiblement jusqu'à la rivière *Toukoutoana*, pour se relever ensuite vers Ouabou, centre d'importance caractérisée, où nous campons le 20 au soir.

A *Makéri* et à *Bassaroki*, les indigènes ont déserté leur village à notre approche.

Je suis toujours dans le même état de santé qui inquiète M. le lieutenant de vaisseau Brisson; mais je ne veux à aucun prix m'attarder, persuadé que mon salut est quand même dans la marche en avant.

Le 21, nous campons à *Marka*, village très important fréquenté par les caravanes.

Dès *Ouabou*, nous sommes entrés dans le pays *kouandé*, et les indigènes nous reçoivent avec empressement.

Enfin, le 22 novembre, nous arrivons à *Kouandé*, puissante agglomération de villages, dominée à l'ouest par une chaîne de hauteurs des plus pittoresques et dont la plaine fertile est sillonnée de nombreux cours d'eau.

Kouandé est, en même temps qu'un centre politique important, un centre commercial de grande valeur. Un chef de poste y réside.

Je lui dois mon retour à la santé, bien que n'y ayant séjourné que 24 heures, grâce à la présence d'une colonie de Peuls, qui m'a procuré le lait tant désiré.

J'ai parlé, plus haut, en citant le village de *Marka*, de caravanes qui fréquentent ce village. Ces caravanes fréquentent aussi *Kouandé*.

Allant du *Niger* vers la *Volta*, elles suivent le sentier *Marka - Sansanné-Mangou*, par *Makéri* et *Datori*.

De *Sansanné-Mangou*, elles bifurquent soit sur le *Gambakha*, soit sur *Yendi* et *Salaga*. Leur composition est très variable, mais elles sont, le plus souvent, composées d'Haoussas. Il m'est arrivé d'en rencontrer d'un effectif dépassant trente nomades bien armés, disposant de chevaux et dont les marchandises étaient portées uniquement par des ânes de petite taille, mais vigoureux et en fort bon état.

Le 24 novembre au matin, nous quittons *Kouandé*, regrettant bien sincèrement de ne pouvoir consacrer quelques jours à l'étude des services très certainement considérables que peut rendre cet important trait d'union entre *Djougou* et le *Gourma* et entre le *Niger* et le *Togo*, grâce au grand nombre de routes qui s'y croisent et à la situation topographique exceptionnelle que lui donnent les monts de de l'*Atacora* et les nombreux cours d'eau qui en descendent.

Le 24 novembre, au soir, nous campons à *Birni*, dont je signalerai l'importance au chapitre des opérations militaires ; et nous sommes, le 25, à *Djougou*.

La zone dahoméenne que nous traversons ensuite pour gagner la côte est aujourd'hui trop connue pour que j'en puisse faire une description utile.

II

OPÉRATIONS MILITAIRES.

J'ai indiqué plus haut grâce à quelles précautions, j'ai pu déjouer les projets d'indigènes rebelles fanatisés. J'arrive maintenant à l'exposé sommaire des incidents qui ont amené la section française à faire usage de ses armes.

Envisagées à ce point de vue, les opérations peuvent se classer en deux catégories bien distinctes :

1° *La marche en avant, jusqu'à l'arrivée à Séméré (19 juillet 1899);*

2° *La marche à partir de Séméré (14 septembre 1899) jusqu'à Djé-Gandou et les étapes de retour jusqu'à Maoni (19 novembre 1899).*

1° Marche en avant jusqu'à Séméré.

Ce n'est qu'à notre arrivée à *Bassila*, le 26 décembre 1898, que nous nous trouvâmes dans la nécessité d'infliger une leçon sérieuse au village de *Bakabaka* (sorte de faubourg de Bassila) qui, jusqu'alors, avait échappé à toute action directe de l'administration locale.

Les hommes de notre convoi se rendaient dans ce village, pour y chercher une partie de la paille nécessaire à l'aménagement de notre camp, lorsqu'ils furent attaqués par les indigènes embusqués dans la brousse en avant des habitations.

Bien que les indigènes fussent armés de fusils, il n'y eut, heureusement, de ce fait, que quelques blessures insignifiantes.

Me rendant, une heure après, au village insoumis, je l'occupais après une reconnaissance d'environ un quart d'heure.

Les rebelles, qui n'opposèrent qu'une faible résistance, eurent huit des leurs légèrement blessés.

De notre côté, deux hommes de l'escorte furent fortement contusionnés.

Sous menace de voir leur village détruit, les indigènes vinrent le lendemain demander le pardon et se soumettre à l'amende imposée.

2° Opérations militaires à partir de Sèméré (14 septembre 1899).

Arrivé le 19 juillet à *Séméré*, ainsi que je l'ai dit plus haut, j'utilise la période d'attente qui suit la mort du commissaire allemand, le baron de Massow, pour m'entourer de renseignements sur la région nord où nous allons nous engager et qui, jusqu'alors, est restée absolument inconnue.

Il ne se passe pas de jour qu'un des chefs de cette région très peuplée et très fertile ne vienne me supplier de marcher de l'avant pour casser l'agglomération considérable de villages qu'on appelle *Lama* et qui, depuis nombre d'années, est, comme je l'ai déjà dit, la terreur des centres avoisinant.

Les habitants de *Lama* (race *kaboré*), nous voyant immobiles à *Séméré*, n'avaient pas manqué d'attribuer notre inaction à la crainte que nous inspirait leur vieille réputation guerrière et ils avaient même eu, un moment, l'intention de venir nous attaquer. Les habitants de Séméré, fort nombreux mais pusillanimes, étaient absolument terrorisés par cette perspective.

Tous les renseignements recueillis concordent à me prouver que *Lama* se trouve sur le sentier qui me permettra de me rapprocher le plus possible du méridien-frontière fictif, que je dois reconnaître. Je décide donc que *Lama* sera notre premier objectif.

Mais je ne puis entamer cette partie contre un ennemi que l'on me représente comme redoutable et qui dans tous les cas, peut mettre sur pied des effectifs imposants (au moins 4.000 hommes) sans m'assurer le concours de forces suffisantes *pour m'ouvrir un passage libre, tout en évitant les rigueurs inutiles.*

Pour ce motif et avec l'autorisation de M. le gouverneur par intérim du Dahomey, M. le capitaine résident supérieur du haut Dahomey est avisé de se tenir prêt à marcher sur *Lama*, par *Djougou*, avec les 75 excellents soldats dont il dispose.

Je compte sur cette démonstration de flanc, non seulement pour faire lâcher pied aux rebelles et éviter un massacre regrettable, mais aussi pour prendre l'ennemi entre deux feux, au cas où son attitude trop menaçante m'y contraindrait.

Ces éventualités prévues et les Allemands étant près à reprendre la marche en avant, je lève le camp de *Séméré* pour me rendre à *Koumeri*, dont la population nous accueille en libérateurs et où s'opère notre jonction avec la section allemande qui vient de *Sirka*, le 14 septembre 1899.

La journée du 15 est employée à prendre les dernières dispositions en vue de l'attaque, car Lama, qui manifeste ouvertement son intention de nous barrer le passage, se trouve à 7 kilomètres environ.

La composition de la colonne est la suivante :

a) *Section allemande.*

1° Escorte..	56 fantassins............. 20 cavaliers...............	indigènes.
2° Convoi....	300 porteurs environ. 200 femmes (femmes de porteurs) (1)	

b) *Section française.*

1° Escorte..	56 fantassins.............. 20 cavaliers................	indigènes.
2° Convoi....	200 porteurs environ. 30 femmes (femmes de chefs de porteurs et de cavaliers autorisés à titre exceptionnel).	

Nous aurions pu également disposer d'un millier de guerriers de *Kouméri* et *Dompago*, qui ne demandent qu'à fuir à la première occasion. Je refuse leurs services.

Nous pouvons donc utiliser une escorte respectable qu'on peut évaluer à 120 fusils. Mais avec ces 120 fusils nous allons avoir à protéger un convoi de plus de 700 indigènes, s'écoulant sur une longueur de plus de deux kilomètres, à travers une zone absolument hostile.

De plus, cette marche va s'effectuer dans les conditions les plus difficiles, en pleine saison de pluies, à travers de vastes terrains couverts de hautes plantations de mil (trois à quatre mètres de hauteur), où nous au-

---

(1) Pendant l'inaction provoquée par la suspension des opérations, bon nombre de soldats et de porteurs allemands avaient jugé bon de contracter mariage.

Au moment de la reprise des travaux, le lieutenant Preil s'était vu dans l'impossibilité de rompre ces unions sous peine de voir se produire de nombreuses désertions.

rons à franchir de larges cours d'eau transformés en torrents.

Les convois avec une garde de 12 hommes, ayant été laissés dans un poste fortifié à *Kouméri*, c'est avec 100 fusils et 40 cavaliers que nous nous mettons en marche, le 16 septembre, à 7 heures du matin, c'est-à-dire en plein jour.

Nos adversaires ont pour armes l'arc et la flèche empoisonnée, c'est-à-dire des engins d'une portée restreinte et dépourvus de justesse au delà de 80 mètres environ.

La marche de *Kouméri* sur *Lama*, qui s'est effectuée sans incident pendant près de 5 kilomètres, est arrêtée un peu avant l'arrivée à la rivière *Lama* où les rebelles nous sont signalés par la cavalerie.

Un engagement partiel et quelques feux de salve déterminent leur retraite.

Nous passons la rivière et je fais immédiatement occuper le plateau P (voir croquis) où se trouvent quelques cases du premier village de *Lama* et que je choisis comme campement du jour, le trouvant absolument inattaquable, grâce aux vues qu'il possède sur tout le terrain environnant, jusqu'à une distance approximative de 400 à 500 mètres.

Combat de Lama (16 septembre).

A peine commencions-nous à occuper la position, sous la protection des cavaliers envoyés en reconnaissance, que ces derniers qui ont perdu un des leurs, se replient nous annonçant que les rebelles s'avancent en nombre considérable.

En un instant, la ligne des hauteurs A B C D se garnit, avec une régularité parfaite, de guerriers en masses compactes.

De notre côté, 50 hommes tiennent le front de la position un groupe de 10 hommes doit parer à toute attaque qui pourrait être prononcée sur notre flanc gauche.

20 hommes, groupés à l'extrême droite et placés sous les ordres du lieutenant de vaisseau Brisson, sont destinés à prononcer, au moment propice, une contre-attaque sur le flanc gauche des rebelles.

En R, sur un mamelon très favorable, se trouve une

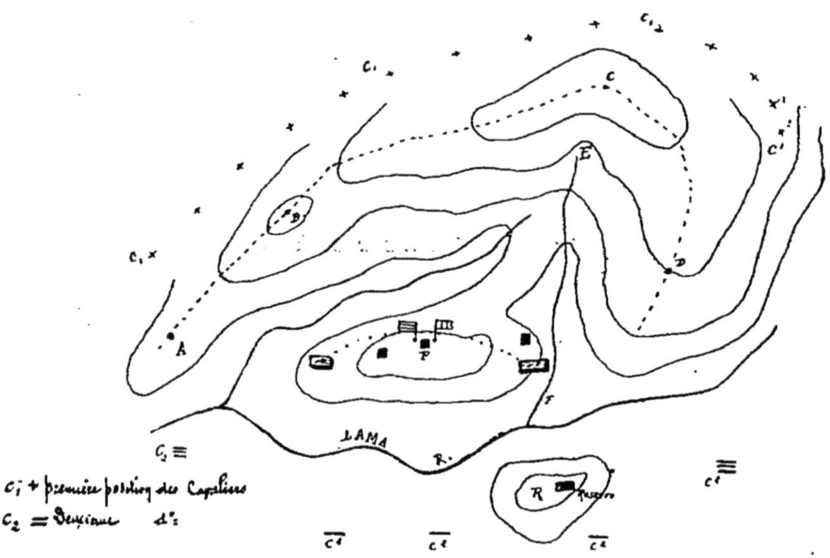

réserve de 20 hommes, dont les feux, balayant le lit de la rivière, empêcheraient, le cas échéant, toute surprise sur nos derrières.

Enfin, les cavaliers se sont repliés sur les ailes aux points C².

L'ennemi, *auquel des renforts ne cessent d'arriver*, ne se laisse pas ébranler par les feux de salve et descend la croupe D, s'avançant droit sur le détachement du lieutenant de vaisseau Brisson. Ce dernier se porte en avant après avoir exécuté quelques feux de salve; le reste de la ligne fait de même pendant que la cavalerie déborde les ailes, et l'ennemi, complètement ébranlé, précipite sa fuite, laissant 27 morts sur le terrain.

Nous avons à regretter la mort d'un cavalier indigène du détachement français.

Le reste de la journée du 16 se passe sans incident marquant. Le convoi escorté arrive sans encombre à *Kouméri*. Les éclaireurs ennemis, qui ne cessent de circuler autour du camp, installés sur le plateau P, sont tenus à distance par le service de la sûreté.

Pendant la nuit suivante, le tamtam de guerre résonne sans interruption, jusque vers 2 heures du matin, mais les rebelles n'osent nous attaquer.

Marche de Lama sur Buffalo.

Le 17, à la pointe du jour (5 h. 30 du matin), je donne l'ordre du départ.

Le but de l'étape est le village de *Buffalo*, qui se trouve seulement à environ 17 kilomètres, mais nous allons avoir à franchir un grand cours d'eau, la rivière Mêh.

Les cavaliers sont répartis à l'avant-garde, sur les flancs et à l'arrière-garde.

L'escorte allemande marche en tête, l'escorte française en queue. Les convois sont encadrés par ces deux groupes.

Dès le départ du camp, le sentier est bordé, à droite et à gauche, sur un parcours d'environ 5 kilomètres, par une suite ininterrompue de petits villages constitués par des groupes de 30 à 40 cases environ, et dont l'ensemble constitue le village de *Lama*.

La marche en avant s'exécute depuis une heure et demie environ, lentement mais dans d'excellentes conditions, lorsque tout-à-coup le convoi se disloque et une multitude de porteurs affolés accourent en grand désordre vers l'arrière-garde.

Ce sont les indigènes des villages qui se sont jetés sur le convoi après le passage de l'escorte allemande.

Laissant à une faible arrière-garde le soin de recueillir et de rassurer les porteurs, j'attaque vivement avec l'escorte française les rebelles qui entament une retraite précipitée en laissant 9 morts sur le terrain.

Passage de la rivière Mêh.

La section allemande a continué sa marche en avant et nous la rejoignons vers 10 heures du matin, *sur les bords de la rivière Mêh,* cours d'eau d'environ 100 mètres de largeur, que sa profondeur et la rapidité de son courant qu'augmente encore en cet endroit le confluent de la rivière *Kala,* rendent infranchissable à la saison des pluies qui bat son plein.

Heureusement pour nous, l'ennemi épouvanté ne nous inquiète que par quelques éclaireurs et, à 6 heures du soir, la mission entière, c'est-à-dire environ 820 indigènes, 60 chevaux et près de 500 charges, ont franchi la rivière au moyen de radeaux improvisés avec des bambous ou avec nos bâches, et qui fonctionnent avec va-et-vient.

Le passage de la rivière Mêh terminé, la nuit tombe et il nous reste environ 8 kilomètres à parcourir pour arriver à Buffalo.

Cette marche de nuit, en pays absolument hostile, s'exécute heureusement, grâce à un clair de lune magnifique, sans lequel nous eussions été obligés de camper dès le passage sur la rive droite.

Sur un parcours d'environ 6 kilomètres, le sol est détrempé et couvert de brousse épaisse, puis, tout-à-coup, le terrain se transforme.

Devant nous se dresse, sans transition appréciable, le massif montagneux au sommet duquel se trouve le village de Buffalo.

Le chemin devient tellement abrupt et rocailleux que les chevaux n'avancent qu'à grand'peine bien que les cavaliers aient mis pied à terre.

Comme ils nous retardent, rendant la marche plus pénible encore, surtout pour les porteurs, je les fais passer en queue.

Enfin, à 10 heures du soir, escorte et convoi sont à *Buffalo*, où les Allemands, qui marchaient de jour, sont arrivés quatre heures auparavant. Les cavaliers et les chevaux n'y arrivent qu'à 10 h. 30 avec l'arrière-garde constituée pour leur protection.

Nous séjournons à *Buffalo* du 17 au 21 septembre et ce repos de quelques jours nous fait le plus grand bien.

Entrée dans le pays Soumba.

Nous nous rendons, le 21, à *Soumba* ou *Soumma*, en passant par *Sourouba*, dernier village du pays *kaboré*.

L'étape de *Buffalo* à *Soumba* est d'environ 18 kilomètres. Aucun incident ne la trouble. Nous arrivons à l'étape vers 2 heures du soir.

A l'approche de la commission, une partie des indigènes a gagné la brousse, chassant devant elle de magnifiques troupeaux; l'autre partie veille à peu de distance du village.

Nous campons.

A peine sommes-nous installés qu'un grand mouvement se produit dans le camp. Une bonne fortune nous arrive sous forme de « bateau Berthon », qui va nous permettre de rendre plus pratique notre matériel de pontonniers.

Les braves gens qui nous l'apportent et qui sont envoyés par le roi de *Birni*, n'ont pas hésité à nous rejoindre par des chemins détournés.

Toute tentative d'entrer en relations avec les habitants est inutile et, après quelques jours de pourparlers sans résultats, la marche en avant est reprise.

Nous levons le camp, le 24 septembre, à la pointe du jour.

Les indigènes ont fait le vide autour de nous et notre marche s'exécute sans encombre jusqu'à la première halte, que je prescrivis sur un plateau assez découvert, au sud de la rivière *Koupo*, dans le pays de *Koupatéou*.

Combat de Kouroumangou (24 septembre 1899).

Mais, à peine les derniers porteurs ont-ils déposé leur charge, que les cavaliers signalent les rebelles s'avançant rapidement vers nous.

Laissant le convoi sous escorte, je déploie immédiatement les deux sections allemande et française et je les porte en avant après avoir confié une réserve de 20 hommes environ à M. le lieutenant de vaisseau Brisson. La marche est arrêtée à la rivière *Kouroumangou*, derrière laquelle les Soumbas ont pris position. Celle-ci étant guéable en plusieurs points j'occupe l'ennemi sur le front avec le lieutenant Preil, et je prescris à M. le lieutenant de vaisseau Brisson de le déborder sur son flanc gauche.

Dès que son mouvement est entamé, j'ordonne à nouveau la marche générale en avant.

Le succès est complet.

Le convoi nous rejoint et passe la rivière sans être inquiété.

Miaki-Mandi, chef des cavaliers français.

Combat de la rivière Tchinaï-Chire (24 septembre 1899).

Mais, si les rebelles ont battu en retraite ils ne sont pas, pour cela, démoralisés et ils nous attendent derrière *Tchinaï-Chire*, où ils sont rassemblés en masses considérables et où nous arrivons à 10 heures du matin.

La ligne de résistance ennemie est formée par un cours d'eau d'environ 60 mètres de large et de plus de 2 mètres de profondeur.

Le convoi est placé à environ 300 ou 400 mètres de la ligne de combat, sous la protection d'une arrière-garde, et les sections allemande et française sont déployées, à l'exclusion d'une faible réserve conservée sur chaque aile pour parer à toute éventualité.

Après trois quarts d'heure environ d'un feu violent, je donne l'ordre aux cavaliers, dont les chevaux ont pu se reposer, de reconnaître le cours d'eau en amont et en aval, à la recherche de points de passage plus favorables.

A peine les rebelles aperçoivent-ils ce mouvement qu'ils se figurent que les cavaliers vont passer la rivière pour tomber sur leurs derrières.

Aussitôt, ils se déplacent par groupes pour s'opposer à la réalisation de ces projets imaginaires et ils s'exposent ainsi aux feux de salve.

Cette manœuvre, renouvelée à plusieurs reprises, nous donne le succès, car l'ennemi est visiblement ébranlé et finit par se disperser.

Nous avons pu, à l'abri de la brousse épaisse qui couvre la rive, monter deux radeaux à bâches et le bateau Berthon.

A un signal convenu, ils sont mis à l'eau, et, pendant que les Allemands, commandés par le lieutenant Preil, traversent avec deux radeaux de front, je me jette dans le bateau Berthon avec trois hommes.

Pendant ce temps, les feux de salve continuent et les rebelles, à la vue des moyens de passage improvisés et dont ils nous croyaient complètement dépourvus, fuient avec précipitation.

Radeaux et Berthon abordent facilement; puis le lieutenant Preil, avec l'escorte allemande, est chargé de la poursuite des rebelles.

Pendant cette poursuite, toute l'escorte française a franchi le cours d'eau, sauf l'arrière-garde qui protège toujours le convoi et un poste de dix hommes environ, placé sur la terrasse d'un des blockhaus décrits plus haut, qui se trouve près de la rivière et a de plus l'avantage d'avoir des vues très étendues.

Un magnifique plateau nous procure le campement souhaité.

Malheureusement, il est envahi par de très hautes herbes et, comme nous sommes en pleine saison des pluies et qu'on ne peut les incendier, nous sommes obligés de les faucher pour nous créer le champ de tir indispensable à notre sécurité.

A la nuit tombante, tout est installé.

Toutefois, le passage de la rivière n'est terminé qu'à 10 heures du soir, à la lumière des lanternes.

A 8 heures, un groupe d'ennemis ayant prononcé un retour offensif contre l'arrière-garde était vigoureusement repoussé, sans que le passage de la rivière eût été interrompu.

Le chiffre des morts laissés par les rebelles sur le terrain, dans les journées des 21, 23 et 24 septembre, s'élève à 274, dont 258, pour la seule journée du 24.

Nos pertes ont été de deux soldats tués et cinq blessés.

Après cette chaude affaire, nous poursuivons le cours

normal de nos travaux et nous n'avons plus à faire usage de nos armes que pendant les étapes de retour, vers Makeri.

Escarmouche entre Makeri et Maoni (19 novembre 1899).

Les habitants de Makeri sont, eux aussi, des Soumbas. Ils assistaient au combat de *Tchinai-Chiré* et, sachant que nous nous proposions de traverser leur village à notre voyage de retour, ils nous avaient fait dire à *Djé-Gandou*, qu'ils préparaient leurs flèches pour venger leur défaite.

A notre arrivée à *Makeri*, le 18 novembre, nous nous installons cependant au campement sans être inquiétés.

Le lendemain, 19, nous nous mettons en route pour *Bassaroki*.

A peine avons-nous dépassé de forts beaux blockhaus, qui se trouvent à environ six kilomètres à l'est de *Makeri*, que j'entends le bruit de feux de salve tirés à l'arrière-garde.

Je charge aussitôt M. le lieutenant de vaisseau Brisson, qui se trouve avec moi en tête de la colonne, de former avec une escorte d'environ 30 hommes, sur le flanc menacé, une ligne de tirailleurs qui tiendra les rebelles à distance pendant que la colonne continuera à défiler.

Quelques feux de salve suffisent pour arrêter l'attaque des rebelles.

Aucune perte de notre côté. J'ignore si l'adversaire en a subi.

A partir de *Maoni*, nous ne sommes plus inquiétés et notre marche ne rencontre désormais aucune résistance jusqu'à notre retour à la côte.

Conclusion relative aux opérations militaires.

Les petites opérations militaires relatées ci-dessus n'ont été que la conséquence de la marche d'une troupe de faible effectif à travers un pays immense, au milieu duquel il fallait avancer et subsister malgré l'hostilité des habitants.

Toute autre serait la situation d'une troupe chargée de pratiquer l'occupation du pays des *Soumbas* par exemple.

C'est de *Birni*, centre important de ravitaillement et de population absolument soumise, que pourrait partir, *sans convoi*, cette troupe d'occupation. Ce serait sa base d'opérations.

Le sentier direct de *Birni* à *Soumba* lui donnerait une *excellente ligne d'opérations.*

Son ravitaillement par *Birni* serait plus facile et lui permettrait de respecter les ressources des indigènes.

Opérant à la saison sèche, elle n'aurait aucun obstacle matériel difficile à surmonter.

Certaine de sa subsistance, cette troupe d'occupation pourrait se montrer patiente et ne tarderait pas à voir venir à elle des indigènes convaincus, aujourd'hui, que nous n'usons de répressions que lorsqu'on nous attaque, que nous ne leur voulons aucun mal et qu'ils peuvent, au contraire, en venant à nous avec confiance, compter sur notre entière bienveillance et notre générosité.

Enfin *Birni* fournirait également des indigènes pouvant servir d'interprètes chez les *Soumbas*, qui ne comprennent absolument rien aux dialectes que parlent les différentes populations avec lesquelles il nous a été donné de prendre contact, jusqu'à notre arrivée chez eux.

III

DIFFICULTÉS INHÉRENTES AUX OPÉRATIONS TOPOGRAPHIQUES ET ASTRONOMIQUES, PRINCIPALEMENT AU COURS DE DEUX SAISONS DE PLUIE.

En dehors de la méthode qui consiste à asseoir un lever topographique sur une triangulation rigoureuse, triangulation irréalisable pour nous, comme je le prouverai plus loin, nous pouvions songer à utiliser la méthode du cheminement avec planchette déclinée, en nous servant de la règle à éclimètre Goulier.

Mais cette méthode, d'une grande exactitude, il est vrai, ne peut, à cause de sa lenteur, s'appliquer aux opérations qui nécessitent parfois de longues marches et devient absolument impraticable dans un pays ouvertement insoumis.

Je me suis donc arrêté à la méthode qui consiste à relier par des itinéraires consciencieusement exécutés, les différents points qu'il est non seulement nécessaire, mais utile de placer, et de corriger les erreurs inévitables ou plutôt les réduire considérablement en rapportant l'emplacement topographique des principaux points ainsi déterminés à leur emplacement astronomique.

Le seul moyen pratique, selon moi, de diminuer le plus possible les erreurs provenant de la *mesure des distances* est de les évaluer au pas (lorsque, bien entendu, on n'est pas muni d'une roue à compteur).

Or, cette manière d'opérer entraîne avec elle d'énormes fatigues et devient encore bien plus pénible quand elle est pratiquée sur des sentiers détrempés par les pluies.

Les moindres cours d'eau, gonflés et transformés en torrents, comme j'ai déjà eu l'occasion de le faire remarquer plus haut, augmentent encore les difficultés déjà considérables.

Il va sans dire que l'inscription des données sur le carnet (azimuts, hauteurs, recoupements, intersections, croquis explicatifs, observations, etc.) devient un véritable tour de force, sous des ondées diluviennes.

Les levers faits à la boussole-éclimètre, dans les zones très restreintes où cela a été nécessaire et possible, présentaient les mêmes difficultés.

Mais c'est surtout dans les opérations astronomiques que les difficultés inhérentes à la saison des pluies se manifestèrent.

Pour ne citer qu'un exemple, à Tooun, point très important de la frontière, il nous a fallu vingt jours pour arriver à faire des observations concluantes.

Ces considérations générales émises, je vais, en quelques lignes, montrer comment, par des éléments nouveaux apportés à des méthodes connues, la section française a pu arriver à exécuter des travaux d'une grande précision et à les contrôler en maintes circonstances, malgré la qualité secondaire des instruments mis à sa disposition.

La partie de ces éléments nouveaux ayant trait à la partie purement astronomique du travail est due à l'initiative intelligente et experte de mon vaillant et dévoué collaborateur, le lieutenant de vaisseau Brisson.

Le matériel mis à notre disposition comprenait :

Un grand théodolite répétiteur donnant les 5" par les verniers ;

Un sextant donnant les 10" ;

Un horizon artificiel ;

Une lunette astronomique ;
Quatre montres de torpilleurs ;
Un compteur Motel ;
Un baromètre Fortin ;
Deux baromètres holostériques compensés ;
Deux thermomètres ;
Une boussole à éclimètre Brosset.

Les régions que nous avons parcourues peuvent être classées, au point de vue géodésique, en deux zones bien distinctes.

Une première, avoisinant la côte, plate et boisée, s'étendant jusque vers le 9e parallèle.

Une deuxième, comprenant une région assez accidentée, et qui va du 9e parallèle au delà du 11e.

Dans la première zone, il était de toute impossibilité d'établir le moindre réseau de triangulation, tant la vue y est bornée de tous côtés.

Dans la deuxième où, au contraire, on aurait pu employer la triangulation, grâce à la configuration du sol, on nous avait signalé, et à juste titre, le pays comme dangereux.

Vouloir, dans un tel pays, installer un réseau de signaux géodésiques eût été logique, à la condition de pouvoir assurer un déploiement de forces hors de proportion avec la faiblesse numérique de nos escortes et aussi avec le but à atteindre.

Donc, sur tout notre parcours, nous étions obligés d'avoir presque exclusivement recours aux observations astronomiques, sous réserve d'utiliser, si l'occasion se présentait, des relèvements de points remarquables, pour relier deux ou plusieurs stations entre elles.

Les montres mises à notre disposition étaient loin d'avoir des marches régulières; mais les autres instruments n'ont donné lieu à aucun mécompte grave.

Je dois incidemment signaler l'inutilité du baromètre

Fortin, qui avait été vidé pour éviter qu'il ne fût brisé pendant le transport et que je n'ai jamais pu remplir sans contre-pression, à cause de la trop grande humidité du climat et de l'insuffisance des moyens dont je disposais pour sécher le tube.

J'eusse préféré un bon hypsomètre qui donne une approximation très suffisante et tout à fait en rapport avec nos besoins. A défaut d'hypsomètre, nous avons utilisé les comparaisons de deux baromètres holostériques compensés.

Je signale également l'incommodité du pied simple qui servait à supporter la lunette astronomique ; une monture permettant un mouvement horizontal et un mouvement vertical par vis de rappel est indispensable pour faire de bonnes observations, sans trop de fatigue.

Des nécessités d'ordre politique et diplomatique nous faisant une obligation d'avoir la position géographique de chaque station avant de la quitter, les instructions reçues imposaient de placer chaque point d'une façon définitive.

D'ailleurs, le but de notre mission étant l'abornement de la frontière, on ne pouvait, pour l'atteindre, songer à employer les méthodes nécessitant une correction ultérieure des positions déterminées astronomiquement, soit que cette correction ne pût être effectuée qu'après avoir eu connaissance des observations de culminations lunaires faites dans un observatoire, soit qu'il s'agisse de corriger les états absolus des montres, après avoir obtenu de nouvelles marches modifiant celles qui avaient permis de calculer ces états entre deux stations éloignées.

Pour toutes ces raisons, *le transport du temps de proche en proche* devenait, dans une certaine limite, la méthode par excellence applicable en la circonstance.

Il est bien entendu que ce procédé n'était pas exclusif et que nous devions profiter de toutes les facilités que pouvait nous créer la configuration du sol, pour relier les stations entre elles.

Je veux expliquer, en deux mots, comment, dans le cas de mouvements de terrain un peu accentués, il était

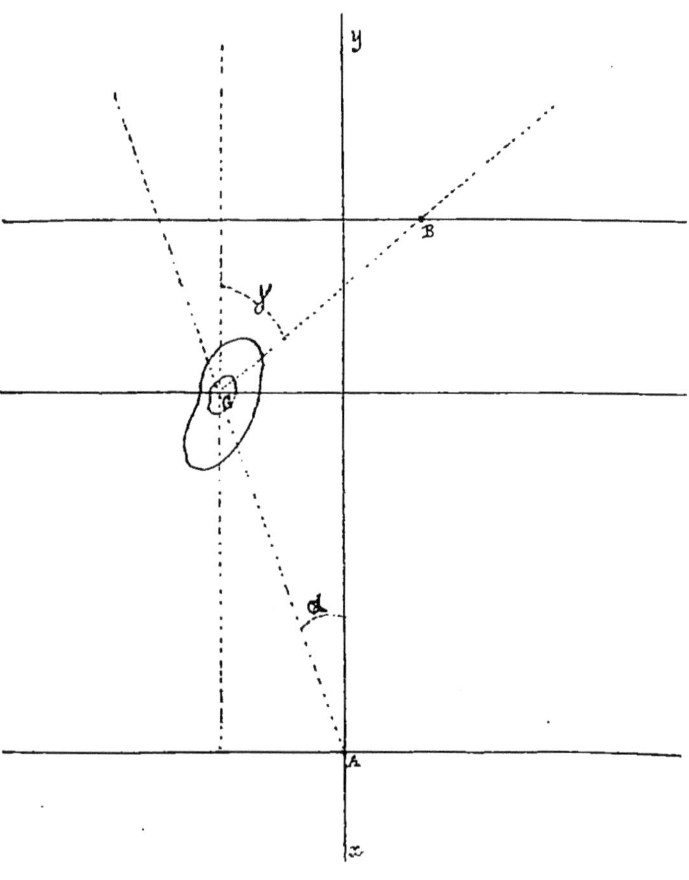

Croquis n° 4.

possible d'étendre le réseau astronomique avec un maximum d'erreur très restreint.

Ce qui, en effet, faisait la difficulté de notre mission, au point de vue astronomique, c'était la marche suivant un méridien à déterminer, exigeant le transport de l'heure pour le calcul exact des longitudes.

Or, supposons que, partant de la station A (croquis n° 4), déterminée astronomiquement, nous voulions déterminer la station B, voisine du méridien X Y, passant par A et distante de A de 30 kilomètres, par exemple.

A l'ouest du méridien X Y se trouve une élévation de terrain C, visible de A et B.

De A, nous visons C, à l'aide du théodolite et nous mesurons l'angle *a*, que la direction A C fait avec le méridien X Y.

Nous transportant ensuite en C, nous calculons la *latitude* de ce sommet, latitude exacte à 50 mètres environ. Le point C se trouve à l'intersection de la ligne A C et du parallèle correspondant à la latitude calculée.

Le point C étant connu, on détermine B par la même méthode, évitant ainsi toute intervention de la *longitude* et pouvant même, à la rigueur, user de ce moyen pour trouver une nouvelle base de la vérification de la marche des montres.

Mais le cas que je viens d'envisager s'est présenté bien rarement dans le cours de notre mission, et la méthode la plus généralement employée consista à déterminer *de proche en proche la position de chaque point par rapport à celle du point antérieurement visité*, autrement dit, à déterminer constamment des différences de longitude entre des points voisins, cherchant toujours à nous mettre, autant que possible, dans *des circonstances semblables d'observation (en observant dans le même parage du ciel).*

Cette sorte de cheminement astronomique avait l'immense avantage de n'exiger la conservation du temps que pendant quelques heures et nous mettait à l'abri des irrégularités de marche que nos montres n'eussent pas manqué d'avoir au bout d'un temps plus long. Elles étaient, en effet, très médiocres comme montres de précision, et il eût été absurde de vouloir, par exemple, parcourir une centaine de kilomètres en quatre jours, faire chaque jour un calcul d'heure et, obtenant de nouvelles marches une fois arrivé à destination, en déduire les états des montres sur le premier méridien pour chaque jour.

Cela eût été absurde car si les montres mises à notre disposition suivaient une loi, c'était celle de la plus originale irrégularité.

Il fallait donc déterminer de bonnes marches *immédiatement avant le départ, garder le temps le moins longtemps possible et recommencer à chaque station.*

Le gros inconvénient de ce cheminement est de permettre l'accumulation des erreurs faites en chaque point. Mais ces erreurs successives n'ayant aucune raison de se produire plutôt dans un sens que dans l'autre, doivent se compenser exactement à l'infini. Le nombre de nos erreurs ou plutôt de nos observations étant limité, nous ne pouvions nous attendre qu'à une compensation partielle.

Le résultat a dépassé toutes nos espérances.

Les occultations d'étoiles faites pendant le voyage, dans les meilleures et, autant que possible, dans les mêmes conditions (l'étoile passant près du centre de la lune), ont, en effet, montré que nous restions toujours dans la limite d'exactitude que ce genre d'observation permet d'obtenir. (Les différences des écarts avec l'écart moyen n'ont pas dépassé 5".)

Le lieutenant de vaisseau Brisson ayant eu l'occasion de fournir plusieurs raids d'assez longue durée, observant tous les jours et revenant au point de départ, a fermé le polygone à moins d'un mille près.

Résultat superbe pour les montres dont nous nous servions !

Il est vrai, je ne saurai trop le répéter, que nous nous mettions toujours dans les meilleures conditions d'observation, *toujours les mêmes*, et que nous gardions le temps seulement pendant quatre heures environ.

Dans ces conditions, la comparaison des résultats donnés par les différentes montres nous a montré que nous pouvions conserver l'heure à 0",5 près, pendant le court intervalle de temps nécessaire à l'accomplissement d'une étape.

Etant donné les précautions prises en observant et la concordance des séries d'observations, on peut admet- 0",5 d'erreur du fait de l'observation, ce qui peut porter à 1" l'approximation avec laquelle une station est placée par rapport à sa voisine.

On voit donc que, même avec de mauvaises montres, ou plutôt avec des montres très défectueuses, on peut, en y mettant le temps, obtenir des résultats assez satisfaisants.

Qu'il me soit permis d'insister au sujet de ces montres qui sont un coefficient capital de succès.

La plupart des missions qui s'outillent pour des missions lointaines ayant ou non un caractère scientifique, emportent des montres comme les nôtres, à échappement libre à ancre, du type appelé « montres de torpilleurs ».

Ces montres, quand elles sont neuves, bien réglées, portées avec précaution, dans des boîtes aussi bien suspendues que possible et consultées avec expérience, donnent d'excellents résultats.

Mais, le plus souvent, les montres mises à la disposition des missions qui demandent un outillage parfait, sont loin d'être neuves ; elles ont été rapportées de missions antérieures et reversées au dépôt de la marine où le ministère des colonies a une réserve.

Parmi ceux auxquels on confie ces montres, les uns justifient, par leurs connaissances, la confiance que l'on a en eux ; c'est le petit nombre.

Les autres portent, sans vergogne aucune, les montres demi-chronomètres dans leur poche, leur faisant subir les pires secousses, souvent même des chocs !

A ce métier, les pivots, déjà trop faibles, et les axes des rouages s'usent rapidement ou se faussent, et on hérite, plus tard, de montres qui, en station, ne marchent pas trop mal, mais qui, en cours de route, battent la campagne d'une façon désordonnés.

Or, comme on leur demande précisément d'avoir de bonnes marches pendant le transport, on est servi à souhait !

Je me résume en terminant :

Pour réussir, dans le genre d'opérations que nous venons d'envisager, il faut :

1° Employer les méthodes que comportent la nature du terrain à parcourir et l'approximation demandée ;

2° Emporter, pour l'application de ces méthodes, des instruments aussi parfaits que possible, à condition d'avoir auparavant..... appris à s'en servir !

Paris et Limoges. — Imp. milit. Henri CHARLES-LAVAUZELLE.

www.ingramcontent.com/pod-product-compliance
Ingram Content Group UK Ltd.
Pitfield, Milton Keynes, MK11 3LW, UK
UKHW022104170726
13837UKWH00003B/1070